CONTENTS

PREFACE

This *Eyewitness Travel Guide Phrase Book* has been compiled
by experts to meet the general needs of tourists and business
travellers. Arranged under headings such as Hotels, Motoring
and so forth, the ample selection of useful words and phrases
is supported by a 2,000-line mini-dictionary. There is also an
extensive menu guide listing approximately 500 dishes or
methods of cooking and presentation.

Typical replies to questions you may ask during your journey,
and the signs or instructions you may see or hear, are shown
in tinted boxes. In the main text, the pronunciation of Danish
words and phrases is imitated in English sound syllables. The
Introduction gives basic guidelines to Danish pronunciation.

Eyewitness Travel Guides are recognised as the world's best
travel guides. Each title features specially commissioned colour
photographs, cutaways of major buildings, 3-D aerial views
and detailed maps, plus information on sights, events, hotels,
restaurants, shopping and entertainment.

EYEWITNESS *TRAVEL GUIDES*

DANISH
PHRASE BOOK

DORLING KINDERSLEY
LONDON · NEW YORK · SYDNEY · MOSCOW

A DORLING KINDERSLEY BOOK

Compiled by Lexus Ltd with Gert Ronberg
Printed in Great Britain by Cambus Litho

First published in Great Britain in 1998
by Dorling Kindersley Limited
9 Henrietta Street, London WC2E 8PS

Copyright 1998 © Dorling Kindersley Limited, London

A CIP catalogue record is available from the British Library.
ISBN 0 7513 1103 0

Picture Credits
Jacket: special photography Phillip Dowell; BRITSTOCK - IFA:
back left; ROBERT HARDING PICTURE LIBRARY: Adina Tovy front
bottom right; Adam Woolfitt front centre below; IMPACT: Peter
Menzell front centre above; Jorn Stjerneklar front top left/centre
right below; MICHAEL JENNER: spine; NEIL SETCHFIELD: front centre
left below/bottom left, back right; STOCKMARKET: front top right.

INTRODUCTION

PRONUNCIATION

When reading the imitated pronunciation, stress the part
which is underlined. Pronounce each syllable as if it formed
part of an English word, and you will be understood
sufficiently well. Remember the points below, and your
pronunciation will be even closer to the correct Danish.

ai:	as in 'fair' or 'stair'
ī:	the 'i' sound in 'wine'
ew:	like the sound in 'dew' (or the French 'u')
g:	always hard as in 'get'
s:	as in 'hiss', never as in 'his'
th:	as in 'smooth', never as in 'smith'

DANISH ALPHABETICAL ORDER

In the lists of things you'll see and in the Menu Guide we have
followed Danish alphabetical order. The following letters are
listed after z: æ, ø, å.

'YOU'

The informal word 'du' *[doo]* has recently become very common
and you may even find yourself addressed with this form by
total strangers. All the same, many Danes would still use the
more formal 'De' *[dee]* to address people they don't know – and
this is the form generally given in this book. The verb stays the
same whether you use 'du' or 'De'.

The Definite/Indefinite Articles

The definite article ('the') in Danish is a suffix: ie 'en' or 'et' (or 'ne' for plural) added to the end of a word. When you see translations given in the form 'hus(et)' or 'bil(en)', the form 'huset' will mean 'the house' and 'bilen' 'the car'. The indefinite article ('a', 'an') is again 'en' or 'et', but placed as a separate word *before* the noun, as in English: 'et hus' ('a house'), 'en bil' ('a car'). If the noun is used with an adjective then the definite article changes to the word 'den' or 'det' and comes before the noun: eg 'den tyske bil' ('the German car'), 'det smukke hus' ('the beautiful house').

USEFUL EVERYDAY PHRASES

Yes/no
Ja/nej
ya/nī

Thank you/no, thank you
Tak/nej tak
tak/nī tak

Please *(offering)*
Værsgo
vairsgoh

Please *(accepting something)*
Ja tak
ya tak

I don't understand (you/it)
Jeg forstår (Dem/det) ikke
yī forstor (dem/day) igger

Do you speak English/French/German?
Taler De engelsk/fransk/tysk?
tahlor dee engelsk/fransk/tewsk

I can't speak Danish
Jeg kan ikke tale dansk
yī ka igger tahler dansk

I don't know
Det ved jeg ikke
day vayth yī igger

Please speak more slowly
Vær venlig at tale langsommere
vair venlee or tahler langsommorer

Please write it down for me
Vær venlig at skrive det ned for mig
vair venlee or skreever day nayth for mī

My name is …
Mit navn er …
mit nown air

How do you do, pleased to meet you
Goddag, det glæder mig at træffe Dem
gohdah, day glaythor mī or treffer dem

Good morning/good afternoon/good evening
Godmorgen/goddag/godaften
gohmorn/gohdah/goh-aften

Good night
Godnat
gohnat

Goodbye
Farvel
farvel

How are you?
Hvordan går det?
vordan gor day

Excuse me, please *(introducing a question)*
Undskyld
awnskewl

Excuse me *(trying to move forward)*
Tillader De?
tillahthor dee

Sorry!
Undskyld
awnskewl

I'm really sorry
Det må De meget undskylde
day maw dee mī-et awnskewler

Can you help me?
Kan De hjælpe mig?
ka dee yelber mī

Can you tell me... ?
Kan De sige mig... ?
ka dee see mī

Can I have... ?
Må jeg bede om... ?
maw yī bay om

I would like...
Jeg vil gerne have...
yī vil gairner ha

Would you like... ?
Ønsker De... ?
urnskor dee

Is there... here?
Er der... her?
air dair... hair

Where can I get... ?
Hvor kan jeg få... ?
vor ka yī faw

How much is it?
Hvad koster det?
va kostor day

What time is it?
Hvad er klokken?
va air kloggen

I must go now
Jeg må afsted nu
yī maw asteth noo

I've lost my way
Jeg er faret vild
yī air fahret veel

Cheers!
Skål!
skawl

Do you take credit cards?
Tager De 'credit-card'?
tar dee 'credit-card'

Where is the toilet?
Hvor er toilettet?
vor air toh-ahleddet

Excellent!
Fint!
feent

THINGS YOU'LL HEAR

dav	hello
det forstår jeg ikke	I don't understand
det ved jeg ikke	I don't know
farvel	goodbye
goddag, det glæder mig at træffe Dem	how do you do, nice to meet you
det gå godt	very well, thank you
hvadbehager?	pardon?
hvordan går det?	how are you?
højre	right
ja (det er rigtigt)	yes, that's right
kvinder	women
lige et øjeblik	just a moment
mænd	men
nej	no
og De?	and you?
pas på!	look out!
selv tak	you're welcome
tak	thanks
tillader De?	excuse me
undskyld	excuse me
venstre	left
vi ses	see you later
virkelig?	is that so?
værsgo	here you are

THINGS YOU'LL SEE

adgang forbudt	no admittance
afgang	departure
ankomst	arrival
badning forbudt	no bathing
damer	ladies
ferielukning	closed for holidays
fodgængere	pedestrians
fri	free (*not engaged*)
gratis	free (*without payment*)
herrer	gentlemen
ikke tilladt	not allowed
indgang	entrance
ingen adgang	no admittance
kasse	till, check-out counter
lukket	closed
nymalet	wet paint
nødudgang	emergency exit
optaget	engaged
reserveret	reserved
rygning forbudt	no smoking
strand	beach
tryk	push
træk	pull
ude af drift	out of order
udgang	exit
åben	open

DAYS, MONTHS, SEASONS

Sunday	søndag	_surnda_
Monday	mandag	_manda_
Tuesday	tirsdag	_teersda_
Wednesday	onsdag	_awnsda_
Thursday	torsdag	_torsda_
Friday	fredag	_frayda_
Saturday	lørdag	_lurda_
January	januar	_yanoo-ar_
February	februar	_fibbroo-ar_
March	marts	_marts_
April	april	_apreel_
May	maj	_mi_
June	juni	_yoonee_
July	juli	_yoolee_
August	august	_owgawst_
September	september	_septembor_
October	oktober	_awktohber_
November	november	_nohvembor_
December	december	_dissembor_
Spring	forår	_for-or_
Summer	sommer	_sommor_
Autumn	efterår	_efter-or_
Winter	vinter	_vindor_
Christmas	jul	_yool_
Christmas Eve	juleaften	_yooler-aften_
New Year	nytår	_newdor_
New Year's Eve	nytårsaften	_newdorsaften_
Easter	påske	_pawsker_
Whitsun	pinse	_pinser_

NUMBERS

0 nul *nawl*
1 et *it*
2 to *toh*
3 tre *tray*
4 fire *feerer*

5 fem *fem*
6 seks *sex*
7 syv *seeoo*
8 otte *awder*
9 ni *nee*

10 ti *tee*
11 elleve *elver*
12 tolv *tull*
13 tretten *tredden*
14 fjorten *fyorden*
15 femten *femden*
16 seksten *sisten*
17 sytten *surden*
18 atten *adden*
19 nitten *nidden*
20 tyve *tewver*
21 enogtyve *aynor-tewver*
22 toogtyve *toh-or-tewver*
30 tredive *trethver*
31 enogtredive *aynor-trethver*
32 toogtredive *toh-or-trethver*
40 fyrre *fur-rer*
50 halvtreds *hahl-tres*
60 tres *tres*
70 halvfjerds *hahl-fyairs*
80 firs *feers*
90 halvfems *hahl-fems*
100 hundrede *hoonrerther*
110 hundredeogti *hoonrerther-ortee*
200 to hundrede *toh hoonrerther*
300 tre hundrede *tray hoonrerther*
1,000 tusind *toosen*
1,000,000 en million *ayn milliohn*

TIME

today	idag	*eedah*
yesterday	igår	*eegor*
tomorrow	imorgen	*eemorn*
the day before yesterday	i forgårs	*ee forgors*
the day after tomorrow	i overmorgen	*ee aw-wor-morn*
this week	i denne uge	*ee denner ooer*
last week	sidste uge	*seester ooer*
next week	næste uge	*nester ooer*
this morning	her til morgen	*hair til morn*
(said later in the day)	i morges	*ee mors*
this afternoon	i eftermiddag	*ee efdormiddah*
this evening	i aften	*ee aften*
tonight	i aften	*ee aften*
yesterday afternoon	igår eftermiddag	*eegor efdormiddah*
last night	i aftes	*ee aftes*
tomorrow morning	imorgen tidlig	*eemorn teethlee*
tomorrow night	imorgen aften	*eemorn aften*
in three days	om tre dage	*om tray dah*
three days ago	for tre dage siden	*for tray dah seethen*
late	sent	*saynt*
early	tidligt	*teethleet*
soon	snart	*snart*
later on	senere	*saynerer*
at the moment	i øjeblikket	*ee oyerbligget*
second	et sekund	*sikkawnt*
minute	et minut	*it minnoot*
one minute	et minut	*it minnoot*
two minutes	to minutter	*toh minnooddor*
quarter of an hour	et kvarter	*it kvartair*
half an hour	en halv time	*in hahl teemer*
three quarters of an hour	tre kvarter	*tray kvartair*
hour	time	*teemer*
day	en dag	*dah*
fortnight	fjorten dage	*fyorden dah*

15

| month | en måned | *mawneth* |
| year | et år | *or* |

TELLING THE TIME

In everyday speech the 12-hour clock is quite common, but the 24-hour clock is preferred for timetables, radio and television programmes and theatre performances etc. Using the 12-hour system, the minutes, followed by 'i' (to) or 'over' (past), come before the hour, e.g. 'fem minutter i/over seks' *[fem minnoodor ee/aw-wor sex]* is 'five to/past six' (with the word 'minutter' following the minute number). Using the 24-hour clock, the minute numbers (without 'minutter') follow the hour, eg 17.55 is 'sytten femoghalvtreds' *[surden femmor-hahl-tres]*; 18.05 is 'atten nul fem' *[adden nawl fem]*. To express the half hour Danish refers ahead to the next full hour, e.g. half past six is 'halv syv' *[hahl seeoo]* – literally 'half seven'.

a.m. *(until 10)*	morgen	*morn*
(after 10)	formiddag	*formiddah*
p.m. *(afternoon)*	eftermiddag	*efdormiddah*
(evening)	aften	*aften*
one o'clock	klokken et	*kloggen it*
quarter past one	et kvarter over et	*it kvartair aw-wor it*
half past one	halv to	*hahl toh*
twenty to two	tyve minutter i to	*tewver minnooddor ee toh*
quarter to two	et kvarter i to	*it kvartair ee toh*
two o'clock	klokken to	*kloggen toh*
13.00	klokken tretten	*kloggen tredden*
16.30	klokken seksten tredive	*kloggen sisten trethver*
at half past five	klokken halv seks	*kloggen hahl sex*
at seven o'clock	klokken syv	*kloggen seeoo*
noon	middag	*midda*
midnight	midnat	*meethnat*

HOTELS

Danish hotels are not classified as two-star, three-star etc, but their prices do vary considerably. Almost all, apart from a few inner-city establishments of doubtful repute in Copenhagen, are clean and comfortable. The many so-called 'mission hotels' ('missionshoteller' *[mishohnshohtellor]*) are generally good value. They are unpretentious though comfortable. But remember that alcohol is not available in a mission hotel.

A country inn is called a 'kro' *[kroh]*. It is often cosy and pleasant in a charmingly rustic way. Like hotels, their prices can vary; for some of them vouchers for overnight accommodation can be obtained from the Danish Tourist Board in London. A 'kro' is also particularly popular as a place to stop for an open sandwich lunch or afternoon coffee with a slice of cream gateau or flaky pastry ('lagkage' *[low-kah-yer]*, or 'wienerbrød' *[veenor-brurth]*).

Danish farmhouse holidays have become very popular, especially for families with children, since there is a considerable reduction for children under the age of twelve. These holidays may be self-catering or, if you prefer, you can take your meals with the farmer and his family (full or half board).

USEFUL WORDS AND PHRASES

balcony	en balkon	*balkong*
bathroom	et badeværelse	*bahther-vairelser*
bed	en seng	*seng*
bedroom	et værelse	*vairelser*
bill	en regning	*rining*
breakfast	morgenmad(en)	*mornmath*
dining room	en restaurant	*restohrang*
dinner	en middag	*midda*
double room	et dobbeltværelse	*dobbelt-vairelser*
farmhouse	en bondegård	*bawner-gor*
foyer	en foyer	*foh-ah-yay*
full board	helpension	*haylpang-shohn*

half board	halvpension	*hahlpang-shohn*
hotel	et hotel	*hohtel*
key	en nøgle	*noyler*
lift	en elevator	*ellervahtor*
lounge	opholdsstue(n)	*opholsstooer*
lunch	frokost(en)	*frawkost*
manager	direktør(en)	*direktur*
reception	reception(en)	*ressepshohn*
receptionist (*male*)	portier(en)	*porchay*
(*female*)	receptionist(en)	*ressepshohnist*
restaurant	en restaurant	*restohrang*
room	et værelse	*vairelser*
room service	servering på værelset	*sairvairing paw vairelset*
shower	et brusebad	*brooser-bath*
single room	et enkeltværelse	*enggelt-vairelser*
toilet	et toilet	*toh-ahlet*
twin room	et to-sengs værelse	*toh-sengs-vairelser*

Do you have any vacancies?
Har De et ledigt værelse?
har dee it laythit vairelser

I have a reservation
Jeg har bestilt et værelse
yī har bestilt it vairelser

I'd like a single/double room
Jeg vil gerne have et enkelt/dobbelt værelse
yī vil gairner ha it enggelt/dobbelt vairelser

I'd like a twin room
Jeg vil gerne have et to-sengs værelse
yī vil gairner ha it toh-sengs vairelser

I'd like a room with a bathroom/balcony
Jeg vil gerne have et værelse med bad/balkong
yī vil gairner ha it vairelser meth bath/balkong

I'd like a room for one night/three nights
Jeg vil gerne have et værelse for en nat/tre nætter
yī vil gairner ha it vairelser for ayn nat/tray neddor

What is the charge per night?
Hvad koster det pr. nat?
va kostor day pair nat

I don't know yet how long I'll stay
Jeg ved endnu ikke, hvor længe jeg bliver
yī vayth ennoo igger vor leng-er yī bleer

We'd like to stay in a Danish farmhouse
Vi vil gerne bo på en dansk bondegård
vee vil gairner boh paw in dansk bawner-gor

When is breakfast/dinner?
Hvornår serveres der morgenmad/middag?
vornor sairvaires dair mornmath/midda

THINGS YOU'LL HEAR

Vi beklager; alt er optaget
I'm sorry, we're full

Vi har ikke flere enkeltværelser
There are no single rooms left

For hvor mange nætter?
For how many nights?

Hvad er Deres navn?
What is your name?

Hvordan vil De betale?
How will you be paying?

Betal venligst forud
Please pay in advance

Would you have my luggage brought up?
Kunne min bagage blive bragt op?
koo min bagahsher blee bragt op

Please call me at... o'clock
Vær venlig at vække mig kl...
vair venlee or vegger mī kloggen

Can I have breakfast in my room?
Kan jeg få morgenmad på værelset?
ka yī faw mornmath paw vairelset

I'll be back at... o'clock
Jeg vil være tilbage kl...
yī vil vairer tilbah-yer kloggen

My room number is...
Mit værelsesnummer er...
mit vairelses-nawmor air

I'm leaving tomorrow
Jeg rejser i morgen
yī rīsor ee morn

Can I have the bill, please?
Må jeg bede om regningen?
maw yī bay om rīningen

I'll pay cash/by credit card
Jeg betaler kontant/med 'credit-card'
yī betahlor kontant/meth 'credit card

Can you get me a taxi?
Kan De skaffe mig en taxa?
ka dee skaffer mī in taxa

Can you recommend another hotel?
Kan De anbefale et andet hotel?
ka dee anbefahler it annet hohtel

THINGS YOU'LL SEE

1. sal	1st floor
bad	bath(room)
betjening	service
brandtrappe	fire escape
bruser/brusebad	shower
dobbeltværelse	double room
enkeltværelse	single room
fuldt optaget	no vacancies
i fart	'in motion', moving *(outside lifts)*
indgang	entrance
ingen adgang	no admittance
kiosk	newsagents
kro	country inn
moms	VAT (22%)
nødudgang	emergency exit
opholdsstue	lounge
oplysning	information
rygning (forbudt)	smoking *(not allowed)*
to-sengs værelse	twin room
tryk/træk	push/pull
udgang	exit

CAMPING AND CARAVANNING

Unlike hotels, Danish camping sites have star-ratings (one, two or three stars). Two-star sites must have showers, laundry facilities, and a general store nearby. The Danish Tourist Board will provide a list of sites.

To stay at any of the approved camps you will need either an International Camping Carnet or a Danish camping pass. The latter is available at any approved site and will be valid (for holder and family) for one year. For further details, contact Campingrådet, Hesseløgade 16, 2100 Copenhagen (tel: 39278844).

USEFUL WORDS AND PHRASES

bucket	en spand	*span*
campfire	et lejrbål	*l<u>j</u>orbawl*
to go camping	campere	*kamp<u>ai</u>rer*
camping pass	et campingpas	*k<u>a</u>mping-pas*
campsite	en campingplads	*k<u>a</u>mping-plas*
caravan	en campingvogn	*k<u>a</u>mping-v<u>a</u>w-oon*
caravan site	en campingplads	*k<u>a</u>mping-plas*
cooking utensils	køkkentøj(et)	*k<u>u</u>rggentoy*
drinking water	drikkevand(et)	*dr<u>e</u>gger-van*
ground sheet	et teltunderlag	*telt-<u>aw</u>norli*
to hitch-hike	tage på stop	*ta paw stop*
rope	et reb	*rayp*
rubbish	affald(et)	*<u>ow</u>fahl*
rucksack	en rygsæk	*r<u>u</u>rksek*
saucepans	kasseroller(ne)	*kasser<u>o</u>llor*
sleeping bag	en sovepose	*s<u>aw</u>-wer-p<u>oh</u>ser*
tent	et telt	*telt*
youth hostel	et vandrerhjem	*v<u>a</u>ndror-yem*

Can I camp here?
Kan jeg campere her?
ka yī kampairer hair

Can we park the caravan here?
Kan vi parkere campingvognen her?
ka vee parkairer kamping-vaw-oonen hair

Where is the nearest campsite/caravan site?
Hvor er den nærmeste campingplads?
vor air den nairmerster kamping-plas

What is the charge per night?
Hvad koster det pr. nat?
va kostor day pair nat

Can I have a camping pass?
Må jeg bede om et camping pas?
maw yī bay om it kamping-pas

Can I light a fire here?
Kan jeg tænde bål her?
ka yī tenner bawl hair

Where can I get... ?
Hvor kan jeg få... ?
vor ka yī faw

Is there drinking water here?
Er der drikkevand her?
air dair dregger-van hair

THINGS YOU'LL SEE

bruser(e)	shower(s)
butik	shop
campering forbudt	no camping
campingvogne (frabedes)	(no) caravans
damer	ladies
drikkevand	drinking water
flaskegas	calor gas ®
gebyr	charge(s)
herrer	gents
ildslukker	fire extinguisher
kvinder	women
køkken	kitchen
mænd	men
møntvask	launderette
soveposer	sleeping bags
tæpper	blankets
vandrerhjem	youth hostel

MOTORING

Rules of the road are: drive on the right; overtake on the left; give way to traffic coming from the right. Note the frequent use in Denmark of 'hajtænder' *[hitennor]*, or 'shark's teeth', a band of white triangles painted across the road at a junction to tell you that you must give way to the traffic on the road you are about to enter or cross.

When turning left, take care to move across *in front* of the vehicles travelling in the opposite direction which are also turning off to their left. Do not move behind them, as is often done in Britain.

Watch out for the many cyclists in Denmark. Normally they have their own track, to be crossed with great care by cars turning right.

Speed limits are: 50 km/h (31 mph) in built-up areas; 80 km/h (50 mph) outside built-up areas; 110 km/h (68 mph) on motorways. The speed limit for cars towing a caravan is 70 km/h (44 mph). These are the basic speed limits, which may be modified with appropriate signposting according to circumstances. Note that a 'built-up area' is indicated by a sign showing buildings in silhouette, not by a 50 km speed-limit sign.

Parking: wherever you see parking meters (normally in large towns only) these operate to roughly the same times as those in Britain. Elsewhere, and where parking or waiting is limited, you will need a parking disc ('P-skive' *[pay-skeever]*). You set the clock of this disc to the quarter-hour following the time of your arrival and display it inside your windscreen. The discs, which are free, are obtainable at petrol stations, tourist offices and post offices. Times when parking restrictions are in force are shown on signposts: in black for Monday – Friday; in black and in brackets for Saturday; in red for Sunday.

'Datoparkering', literally 'date parking', means that parking is allowed on the even-numbered side of the street on even days of the month, and on the odd-numbered side on odd days.

Drinking and driving: the law is strict. If the alcohol level in a motorist's blood is over 0.05 %, he or she will be liable to prosecution. And if the police do prosecute, detention or imprisonment is almost certain to follow.

Most petrol stations are self-service ('selvbetjening' [selberchayning] or 'tank selv'), and many pumps now accept banknotes of 20kr or 100kr so that petrol is obtainable after hours. There are three octane ratings: 98, 96 and 95. The first two correspond to 4-star and 2/3-star. 95 is unleaded, or 'blyfri' [blewfree], and is available everywhere.

In Denmark seatbelts are compulsory for the driver and front-seat passenger.

SOME COMMON ROAD SIGNS

blind vej	cul-de-sac
centrum	town centre
cykelsti	bicycle track
datoparkering	*see introductory text*
ensrettet	one-way
fodgængere	pedestrians
gennemkørsel forbudt	no through road
indkørsel forbudt	no entry
isslag	black ice
omkørsel	diversion
parkering forbudt	no parking
rabatten er blød	soft shoulder
skole	school
standsning forbudt	no stopping
udkørsel	exit
ujævn vej	uneven surface
vejarbejde	roadworks
vejen er spærret	road closed

Useful Words and Phrases

automatic	automatisk	*owtohmahtisk*
bonnet	kølerhjelm(en)	*kurlor-yelm*
boot	bagagerum(met)	*bagahsher-rawm*
brake	bremse(n)	*bremser*
breakdown	et motorstop	*mohtor-stop*
car	en bil	*beel*
caravan	en campingvogn	*kamping-vaw-oon*
clutch	kobling(en)	*kobling*
crossroads	et vejkryds	*vi-krews*
to drive	køre	*kurrer*
engine	motor(en)	*mohtor*
exhaust	udstødningsrør(et)	*oothsturthnings-rurr*
fanbelt	ventilatorrem(men)	*ventilahtor-rem*
garage *(repairs)*	et værksted	*vairksteth*
(petrol)	en servicestation	*survis-stashohn*
gear	et gear	*geer*
gears	gearer(ne)	*geeror*
junction *(motorway)*	en udkørsel	*oothkursel*
licence	et kørekort	*kurrer-kort*
lights *(head)*	forlygter(ne)	*for-lurgdor*
(rear)	baglygter(ne)	*bow-lurgdor*
lorry	en lastbil	*lastbeel*
manual	med manuelt gear	*meth mannooelt geer*
mirror	spejl(et)	*spil*
motorbike	en motorcykel	*mohtor-sewggel*
motorway	en motorvej	*mohtor-vi*
number plate	en nummerplade	*nawmor-plahther*
petrol	benzin(en)	*benseen*
road	en vej	*vi*
to skid	skride	*skreether*
spares	reservedele(ne)	*ressairver-dayler*
speed	fart	*fart*
speed limit	en fartbegrænsning	*fart-begrensning*
speedometer	speedometer(et)	*speedohmaydor*

steering wheel	rat(tet)	*rat*
to tow	tage på slæb	*ta paw slayp*
traffic lights	et trafiklys	*rafeek-lews*
trailer	en påhængsvogn	*pawhengs-vaw-oon*
(caravan)	en campingvog	*kamping-vaw-oon*
tyre	et dæk	*dek*
van	en varevogn	*vahrer-vaw-oon*
wheel	et hjul	*yool*
windscreen	forrude(n)	*for-roother*

I'd like some petrol/oil/water
Jeg vil gerne have benzin/olie/vand
yï vil gairner ha benseen/ohlyer/van

Fill her up, please!
Fyld op, tak!
fewl op tak

I'd like 10 litres of petrol
Jeg vil gerne have ti liter benzin
yï vil gairner ha tee leedor benseen

Would you check the tyres, please?
Vær så venlig at kontrollere dækkene
vair saw venlee or kontrohlairer deggerner

Where is the nearest garage?
Hvor er det nærmeste værksted?
vor air day nairmerster vairksteth

How do I get to... ?
Hvordan kommer jeg til... ?
vordan kommor yï til

DIRECTIONS YOU MAY BE GIVEN

lige ud	straight on
til venstre	on/to the left
drej til venstre	turn left
til højre	on/to the right
drej til højre	turn right
første vej på højre hånd	first on the right
anden vej på venstre hånd	second on the left
forbi…	past the…

Is this the road to… ?
Er dette vejen til… ?
air dedder vi-en til

Do you do repairs?
Foretager De reparationer?
forertar dee rebbarrashohnor

Can you repair the clutch?
Kan De reparere koblingen?
ka dee rebbarrairer koblingen

How long will it take?
Hvor længe varer det?
vor leng-er vahror day

There is something wrong with the engine
Der er noget galt med motoren
dair air nawth gahlt meth mohtoren

The engine is overheating
Motoren bliver for varm
mohtoren bleer for varm

The brakes are binding
Bremserne binder
bremsorner binnor

I need a new tyre
Jeg skal have et nyt dæk
yī ska ha it newt dek

Where can I park?
Hvor kan jeg parkere?
vor ka yī parkairer

Can I park here?
Kan jeg parkere her?
ka yī parkairer hair

Can I have a parking disc?
Må jeg bede om en P-skive?
maw yī bay om in pay-skeever

I'd like to hire a car
Jeg vil gerne leje en bil
yī vil gairner lī-er in beel

Is there a mileage charge?
Skal jeg betale pr. kilometer?
ska yī betahler pair keelohmaydor

THINGS YOU'LL SEE

benzin	petrol
bilvask	car wash
Dansk Autohjælp	Danish Automobile Assistance
Falck	National Rescue Association
FDM	National Motoring Association
luft	air
olie	oil
selvbetjening	self-service
tank selv	self-service
vand	water
værksted	garage (for repairs)

THINGS YOU'LL HEAR

Ønsker De en vogn med automatisk eller manuelt gear?
Would you like an automatic or a manual?

Må jeg se Deres kørekort?
May I see your licence?

RAIL TRAVEL

Danish trains are comfortable, and the standard of cleanliness and tidiness is considerably higher than in Britain. Fast trains are known as 'lyntog' *[lewntoh]* which literally means 'lightning train'. On timetables these are marked by an 'L', and Intercity trains are marked by 'IC'. 'Exprestog' are trains stopping only at main stations. 'Persontog' *[pairsohn-toh]* are local trains which stop at all stations.

One difference that you will find with Danish trains is that they do not offer a dining car. Instead a snack trolley will be wheeled past your compartment once or twice during your journey. From this you will be able to buy cheese sandwiches (there may be one other kind if you're lucky), hot sausages, sweets, biscuits, fizzy drinks, beer, coffee and tea. You can order:

open sandwiches	smørrerbrød	*smurrer-brurth*
sausages	pølser	*purlsor*
beer	øl	*url*
fizzy soft drinks	sodavand	*sohda-van*
sweets	slik	*slik*
chocolate	chokolade	*shohkohlahther*

As Denmark consists of a peninsula (Jutland) and several large islands (notably Funen and Zealand) some train journeys make use of ferry services. One of the most important of these is the 3-hour crossing from Arhus in Jylland *[yewllan]*, or Jutland, to Kalundborg on Sjælland. Ferry tickets are included in the price of your train ticket, and it is a good idea to make a reservation. The 'Storebælt' *[stohrer belt]*, or 'Great Belt' bridge, which links Fyn *[fewn]*, or Funen, and Sjælland *[shellan]*, or Zealand, is open to trains and has replaced the old train-ferry route.

Several kinds of discount are available. In particular, ask for 'familiebilletter' *[famil-yer-billeddor]*, or family tickets, or 'minigruppe-billetter' *[minni-groobber-billeddor]* – mini-group tickets. Both kinds allow a discount of up to 50% depending

on the number of people travelling. In any case, children
always get a 50% reduction if under the age of twelve, and if
they are under four they travel free of charge. In addition there
are discount tickets for the whole of Scandinavia: ask your
travel agent to provide details of the following cards:

Nordturist or Scanrail: unlimited discount travel in
Scandinavia for 21 days with a possible 40% discount in
certain top hotels.

Inter-rail: unlimited discount travel in Europe for one month
for people under the age of 26.

Rail Europe Senior: this will give a discount of up to 50%
all over Scandinavia to senior citizens.

USEFUL WORDS AND PHRASES

booking	office billetkontor(et)	*billet-kontor*
booking office	billetkontor(et)	*billet-kontor*
buffet (*on ferries*)	et cafeteria	*kaffetair-tya*
carriage	en vogn	*vaw-oon*
compartment	en kupé	*koppay*
connection	en forbindelse	*forbinnelser*
emergency brake	nødbremse(n)	*nurthbremser*
engine	lokomtiv(et)	*lohkohmohteev*
entrance	indgang(en)	*ingang*
exit	udgang(en)	*oothgang*
ferry	en færge	*fair-wer*
first class	første klasse	*furster klasser*
to get in	stige på	*steeyer paw*
to get out	stå ud	*staw ooth*
guard	konduktør(en)	*kondooktur*
indicator board	oplysningstavle(n)	*oplewsnings-towler*
left luggage	garderobe(n)	*garderohber*
lost property	hittegodskontor(et)	*hiddergaws-kontor*
luggage rack	bagagehylde(n)	*bagahser-hewller*
luggage trolley	en rullevogn	*rooler-vaw-oon*
luggage van	godsvogn(en)	*gaws-vaw-oon*
platform	en perron	*perrong*

rail	en skinne	*skinner*
railway	jernbane(n)	*yairbahner*
reserved seat	en reserveret plads	*ressairvairet plas*
return ticket	en returbillet	*rettoor-billet*
seat	en plads	*plas*
second class	anden klasse	*annen klasser*
single ticket	en enkeltbillet	*enggelt-billet*
sleeping car	en sovevogn	*saw-wer-vaw-oon*
snack trolley	snackvogn(en)	*snak-vaw-oon*
station	banegård(en)	*bahner-gor*
(small stop)	en station	*stashohn*
station master	stationsforstander(en)	*stashohns-forstanner*
ticket	en billet	*billet*
ticket collector	billetkontrollør(en)	*billet-kontrohlur*
timetable	en køreplan	*kurrer-plan*
tracks	spor(et)	*spor*
train	et tog	*toh*
waiting room	venteværelse(t)	*vender-vairelser*
window	vindue(t)	*vindoo*

When does the train for... leave?
Hvornår afgår toget til...?
vornor owgor toh-et til

When does the train from... arrive?
Hvornår ankommer toget fra... ?
vornor ankommor toh-et frah

When is the next train to... ?
Hvornår afgår det næste tog til... ?
vornor owgor day nester toh til

When is the first train to... ?
Hvornår afgår det første tog til... ?
vornor owgor day furster toh til

When is the last train to… ?
Hvornår afgår det sidste tog til… ?
vorn_o_r _owg_or day s_ee_ster toh til

What is the fare to… ?
Hvad koster en billet til… ?
va k_o_stor in bill_e_t til

Do I have to change?
Skal jeg skifte?
ska yī sk_ee_fter

Does the train stop at… ?
Standser toget ved…?
st_a_nsor t_o_h-et veeth

How long does it take to get to…?
Hvor lang tid tager turen til…?
vor lang teeth tar t_oo_ren til

A single/return ticket to… please
En enkelt/retur-billet til…tak
in _e_nggelt/rewt_oo_r-billet til

Do I have to pay a supplement?
Skal jeg betale tillæg?
ska yī bet_a_hler t_i_lleg

I'd like to reserve a seat
Jeg vil gerne reservere en plads
yī vil g_ai_rner ressairv_ai_rer in plas

Is the ferry ticket included?
Er færgebilletten inkluderet?
air f_ai_r-wer-bill_e_dden inklood_ai_ret

Is this the right train for…?
Er dette toget til…?
air dedder toh-et til

Is this the right platform for the… train?
Er dette den rigtig perron for toget til…?
air dedder den rekteeyer perrong for toh-et til

Which platform for the… train?
Hvilken perron for toget til…?
vilken perrong for toh-et til

Is the train late?
Er toget forsinket?
air toh-et forsing-get

Could you help me with my luggage, please?
Kunne De hjælpe mig med bagagen?
koo dee yelber mī meth bagahshen

Is this a non-smoking compartment?
Er denne kupé for ikke-rygere?
air denner koopay for igger-rew-yorrer

Is this seat free?
Er denne plads optaget?
air denner plas optahth

This seat is taken
Denne plads er optaget
denner plas air optahth

I have reserved this seat
Jeg har reserveret denne plads
yī har resairvairet denner plas

May I open/close the window?
Må jeg åbne/lukke vinduet?
maw yi <u>aw</u>bner/<u>law</u>gger vindooet

When do we arrive in... ?
Hvornår ankommer vi til...?
vorn<u>or</u> <u>a</u>nkommor vee til

What station is this?
Hvad hedder denne station?
va h<u>e</u>thor d<u>e</u>nner stash<u>oh</u>n

Do we stop at...?
Standser toget ved...?
st<u>a</u>nsor t<u>oh</u>-et vith

Would you keep an eye on my things for a moment?
Kunne De holde øje med mine ting et øjeblik?
koo dee h<u>o</u>ller <u>oy</u>er meth m<u>ee</u>ner ting it <u>oy</u>erbl<u>i</u>k

---

THINGS YOU'LL SEE OR HEAR

afgang	departure(s)
ankomst	arrival(s)
autobokse	luggage lockers
aviser	newspapers
billetter	tickets
DSB	Danish Railways (Danske Statsbaner)
forsinket	delayed
færge	ferry
garderobe	left luggage (office)/cloakroom
godsvogn	luggage van
hittegods	lost property
I	information
ikke-rygere	non-smokers

→

37

indgang	entrance
kiosk	newsagents
kupé	compartment
nødbremse	emergency brake
pladsbestilling	seat reservations
perron	platform
rejse	journey
reserveret	reserved
rygere	smokers
sovevogn	sleeper
tog	train(s)
togfærge	train ferry
udgang	exit
veksling	currency exchange
venteværelse	waiting room
vogn	carriage

Hallo! Hallo!
Attention

Deres billetter, tak
Tickets, please

AIR TRAVEL

There are flights from several British cities to destinations
in Denmark. Apart from flights to Copenhagen, there are
connections to Jutland from London, Dundee and Aberdeen.
As for domestic routes, there are flights from Copenhagen to
Århus (Tirstrup), Ålborg, Billund, Esbjerg, Thisted and a few
other places in Jutland, and to Odense on the island of Funen.
Note that the international airport and the domestic airport at
Copenhagen (Kastrup) are separate, though close together.
There is a bus service between the two as well as a frequent bus
service to Copenhagen Railway Station, or Hovedbanegården
[*hohthbahner-gorn*], which is in the city centre (20 minutes
from Kastrup).

USEFUL WORDS AND PHRASES

aircraft	en flyvemaskine	*flewver-maskeener*
air hostess	stewardesse(n)	*stewardesser*
airline	et flyveselskab	*flewer-selskab*
airport	lufthavn(en)	*lawft-hown*
airport bus	lufthavnsbus(sen)	*lawft-howns-booss*
aisle	gang(en)	*gang*
arrival	ankomst(en)	*ankomst*
baggage claim	bagageudlevering(en)	*bagahsher-oothlevairing*
boarding card	et 'boarding card'	
check-in	'check-in',	*chek-in*
	bagagekontrol(len)	*bagahsher-kontrol*
check-in desk	check-in skranke(n)	*chek-in skrangger*
customs	told(en)	*tull*
delay	forsinkelse(n)	*forsinggelser*
departure	afgang(en)	*owgang*
departure lounge	afgangshal(len)	*owgangs-hahl*
emergency exit	nødudgang(en)	*nurth-oothgang*
flight	et fly	*flew*
flight number	flynummer(et)	*flew-nawmor*
gate	udgang(en)	*oothgang*
jet	et 'jet'	

to land	lande	*lanner*
long distance flight	en fjernrute	*fyairn-rooder*
passport	et pas	*pas*
passport control	paskontrol(len)	*paskontrol*
pilot	pilot(en)	*peeloht*
runway	landingsbane(n)	*lannings-bahner*
seat	en plads	*plas*
seatbelt	sikkerhedsbælte(t)	*siggor-heths-belder*
steward	steward(en)	*steward*
stewardess	stewardesse(n)	*stewardesser*
take-off	'take-off	
to take off	lette	*ledder*
window	vindue(t)	*vindoo*
wing	vinge(n)	*vinger*

When is there a flight to… ?
Hvornår afgår der et fly til… ?
vornor owgor dair it flew til

What time does the flight to… leave?
Hvad tid afgår flyet til… ?
va teeth owgor flew-et til

Is it a direct flight?
Er der et direkte fly?
air dair it deerekter flew

Do I have to change planes?
Skal jeg skifte fly?
ska yī skeefter flew

When do I have to check in?
Hvornår skal jeg checke ind?
vornor ska yī chegger in

I'd like a single ticket to...
Jeg vil gerne have en enkeltbillet til...
yī vil gairner ha in enggelt-billet til

I'd like a return ticket to...
Jeg vil gerne have en returbillet til...
yī vil gairner ha in rettoor-billet til

I'd like a non-smoking seat, please
Jeg vil gerne sidde blandt ikke-rygere, tak
yī vil gairner sith-er blant igger-rew-yorrer tak

I'd like a window seat, please
Jeg vil gerne have en vinduesplads, tak
yī vil gairner ha in vindoos-plas tak

How long will the flight be delayed?
Hvor længe er flyet forsinket?
vor leng-er air flew-et forsing-get

Is this the right gate for the... flight?
Er dette udgangen til flyet til... ?
air dedder oothgang-en til flew-et til

Which gate for the flight to... ?
Hvilken udgang til flyet til... ?
vilken oothgang til flew-et til

When do we arrive in... ?
Hvornår ankommer vi til... ?
vornor ankommor vee til

May I smoke now?
Må jeg ryge nu?
maw yī rew-yer noo

I do not feel very well
Jeg har det ikke så godt
yī har day igger saw got

THINGS YOU'LL SEE

afgang	departure(s)
ankomst	arrival(s)
ankomsthal	arrivals hall
bagageudlevering	baggage claim
fly	flight, plane
forsinket	delayed
garderobe	left luggage (office)
ikke-rygere	non-smokers
indgang	entrance
landet	landed
nødudgang	emergency exit
paskontrol	passport control
rygere	smokers
told	customs
udgang	exit, gate

THINGS YOU'LL HEAR

Der er udgang til fly nummer... til...
Flight number... for... is now boarding

Gå til udgang nummer...
Please go now to gate number...

BY BUS, LOCAL TRAIN AND BOAT

Town bus services in Denmark are excellent. The buses are clean and arrive at their stops (each of which normally displays arrival times) with amazing accuracy. If you intend to take the bus often, it is advisable to buy a 'klippekort' *[klibberkort]*, or punch-card, which is available at newsagents, train stations and on buses. This will give you several reduced-fare rides. The area operated by the bus routes is divided into zones, or 'zoner' *[sohnor]*, and you can buy 'klippekort' for a particular number of zones. If your 'klippekort' or ticket is not valid outside a certain zone, you will be asked to pay a supplement, or 'tillæg' *[tilleg]*. A ticket or one single portion of your punch-card is valid for 1–2 hours and shows by what time you must have finished your journey. During this time you can change buses as often as you want, without having to pay again.

The nearest equivalent to an underground or metro is the 'S-tog' *[ess-toh]* in Copenhagen. This is a suburban overground railway, for which bus tickets are valid – and vice versa. Tickets must be stamped in the machines which you'll see on the platforms. Also in Copenhagen, there is a 'City Bike' system, where yellow bikes are available for use within the city centre on payment of a refundable deposit at the special cycle racks.

As for buses between towns, you will find routes and times listed together with those for trains in the DSB (Danish Railways) timetables.

For ferry routes, see the section on Rail Travel. In addition to the central routes, there are services to many of the small islands.

USEFUL WORDS AND PHRASES

adult	en voksen	*voksen*
boat	en båd	*bawth*
bus	en bus	*boos*
bus stop	et busstoppested	*boostobber-steth*
child	et barn	*barn*
coach	en rutebil	*rooderbeel*
conductor	konduktør(en)	*kondookturr*

connection	en forbindelse	*forbinnelser*
driver	chauffør(en)	*shohfur*
fare	en billetpris(en)	*billet-prees*
ferry	en færge	*fair-wer*
lake	en sø	*sur*
network map	et rutekort	*rooderkort*
number 5 bus	bus nummer 5	*boos nawmor 5*
passenger	en passager	*passa-shair*
port	en havn	*hown*
quay	en kaj	*kī*
river	en flod	*flohth*
sea	hav(et)	*how*
seat	en plads	*plas*
ship	et skib	*skeeb*
station	en station	*stashohn*
subway	en fodgængertunnel	*fohth-gengor-tawnel*
taxi	en taxa	*taxa*
terminus	endestation(en)	*enner-stashohn*
ticket	en billet	*billet*

Where is the nearest S-tog station?
Hvor er den nærmeste S-togsstation?
vor air den nairmerster es-tohstashohn

Where is the bus station?
Hvor er rutebilstationen?
vor air rooderbeel-stashohnen

Where is there a bus stop?
Hvor er der et busstoppested?
vor air dair it boostobber-steth

Which buses go to… ?
Hvilke busser kører til… ?
vilker boossor kurror

How often do the buses to... run?
Hvor ofte kører busserne til... ?
vor ofder kurror boossorner til

Would you tell me when we get to... ?
Vil De godt sige til når vi kommer til... ?
vil dee got seetil nor vee kommor til

Do I have to get off yet?
Skal jeg stå af nu?
ska yī staw ah noo

How do you get to... ?
Hvordan kommer man til... ?
vordan kommor man til

Is it very far?
Er det langt væk?
air day langt vek

I want to go to...
Jeg skal til...
yī ska til

Do you go near... ?
Kører De i nærheden af... ?
kurror dee ee nairhaythen ah

Where can I buy a ticket?
Hvor kan jeg købe en billet?
vor ka yī kurber in billet

Could you open/close the window?
Vil De godt åbne/lukke vinduet?
vil dee got awbner/lawgger vindooet

Could you help me get a ticket?
Kunne De hjælpe mig med at købe en billet?
koo dee yelber mī meth or kurber in billet

When does the last bus leave?
Hvornår kører den sidste bus?
vornor kurror den seester booss

Could you wait here and take me back again?
Kunne De vente her og bringe mig tilbage?
koo dee vender hair or breng-er mī tilbah-yer

THINGS YOU'LL SEE

afgang	departure(s)
ankomst	arrival(s)
barn	child
billetter	tickets
børn	children
båd(ene)	boat(s)
færge	ferry
havnen	harbour
hverdage	weekdays
indgang	entrance
indkast	insert coin(s) here
indstigning	entrance
mad og drikke må ikke nydes i vognen	consumption of food or drink in the vehicle is not permitted
omstigning	change (of bus)
pas på dørene	mind the doors
rabat	reduced fare
rutebil	coach
rygning forbudt	no smoking
samtale med chaufføren under kørslen forbudt	do not speak to the driver while vehicle is in motion

→

S *(with wings)*, **S-tog**	Copenhagen city train
standser	bus stops at next stop
søn- og helligdage	Sundays and holidays
tillæg	supplement, extra fare
tryk	press, push
udgang	exit
udstigning	exit
voksen, voksne	adult(s)
zone	fare zone

RESTAURANTS

Denmark has several kinds of eating establishments. There is the 'restaurant' *[restohrang]*, which serves a wide variety of dishes including the famous 'koldt bord' *[kult bor]*, or cold buffet, and 'smørrebrød' *[smurrerbrurth]* or garnished open sandwiches. If you feel like 'smørrebrød' ask the waiter for the 'smørrebrødsseddel' *[smurrerbrurths-sethel]* – the sandwich list.

A 'bodega' *[bohdayga]* is less formal and has a less ambitious menu. The 'cafeteria' *[kaffertair-ya]* is similar to its British equivalent but with a larger choice of cold food and a very reasonably priced 'dagens ret' *[dahns ret]*, or dish of the day. Cafeterias are often found in department stores and large supermarkets.

A country restaurant or inn is called a 'kro' *[kroh]* and, as mentioned in the Hotels section, these are much frequented by Sunday visitors wanting afternoon coffee (which can be quite an elaborate affair). Many 'kroer' also have a local reputation for their 'kroplatte' *[kroh-pladder]*, which is an assortment of marinated herring, beautifully garnished cold meats, a small hot dish and cheese.

Danish cafés serve snacks such as quiches, patés and sandwiches. If you have a sweet tooth, go to a 'konditori' *[kondiddoree]* where you can enjoy delicious cakes, sumptuous gateaux and mouth-watering pastries with your tea, coffee or hot chocolate (with whipped cream, of course). Service is always included in your bill.

The commonest drink by far is beer or 'øl' *[url]*. In Denmark this normally means 'pilsner' lager *[peelsnor]*. A bottle of Carlsberg *[karlsbair]* and a bottle of Ceres *[saires]* are known as 'en hof' *[in hof]* and 'en top' *[in top]* respectively. Draught lager is called 'fadøl' *[fath-url]*.

Beer (or cold soft drinks), never wine, accompanies a 'koldt bord', and it is normal to enjoy one or two ice-cold 'snaps' at the beginning with 'sild' *[seel]*, or marinated herring, and often at the end with the 'ost' *[awst]*, or cheese. 'Snaps', sometimes called 'akvavit' *[agvaveet]* – the water of life – is a spirit made from potatoes and often flavoured with caraway. There are various kinds, including the popular dark and bitter 'Gammel Dansk' *[gahmel dansk]*, or 'Old Danish', but if you want to try the classic 'snaps', ask for 'Rød Ålborg' *[rurth olbor]*, or 'Red Ålborg'. The Danish word for 'cheers' is 'skål' *[skawl]*. This literally means 'bowl' and was what the Vikings would shout to each other whenever the need for mead came over them.

USEFUL WORDS AND PHRASES

beer	øl(let)	*url*
bill	regning(en)	*ri ning*
bottle	en flaske	*flasker*
bowl	en skål	*skawl*
cake	en kage	*kah-yer*
chef	kok(ken)	*kok*
coffee	kaffe(n)	*kaffer*
cup	en kop	*kop*
fork	en gaffel	*gaffel*
glass	et glas	*glas*
knife	en kniv	*kneeoo*
menu	menu(en)	*menew*
milk	mælk(en)	*melk*
plate	en tallerken	*tahlairken*
receipt	en kvittering	*kvittairing*
sandwich	et stykke smørrebrød	*sturgger smurrerbrurth*
serviette	en serviet	*sairveeyet*
snack	en snack	*snak*
soup	suppe(n)	*sawbber*
spoon	en ske	*skay*
sugar	sukker(et)	*sawgor*
table	et bord	*bor*
tea	te(en)	*tay*
teaspoon	en teske	*tayskay*
tip	drikkepenge(ne)	*dregger-peng-er*
waiter	en tjener	*chaynor*

waitress	en servitrice	*sairveetreeser*
water	vand(et)	*van*
wine	vin(en)	*veen*
wine list	vinkort(et)	*veenkort*

A table for one, please
Et bord til en person, tak
it bor til ayn pairsohn tak

A table for two, please
Et bord til to, tak
it bord til toh tak

Can I see the menu?
Må jeg se menuen?
maw yĩ say meneween

Can I see the wine list?
Må jeg se vinkortet?
maw yĩ say veenkordet

What would you recommend?
Hvad kan De anbefale?
va ka dee anbefahler

I'd like…
Må jeg bede om…
may yĩ bay om

Just a cup of coffee, please
Kun en kop kaffe, tak
kawn in kop kaffer tak

Waiter/waitress!
Tjener/frøken!
chaynor/frurggen

Can we have the bill, please?
Må vi bede om regningen, tak?
maw vee bay om rĩ ningen-eng tak

I only want a snack
Jeg skal bare have en snack
yī ska bar ha in snak

Is there a set menu?
Er der en fast menu?
air dair in fast men<u>ew</u>

I didn't order this
Jeg bad ikke om dette
yī bath <u>ig</u>ger om d<u>e</u>dder

May we have some more… ?
Må vi bede om lidt mere… ?
maw vee bay om lit mair

The meal was very good, thank you
Måltidet var udmærket, tak
m<u>o</u>lteethet var <u>oo</u>thmair-get tak

My compliments to the chef!
Ros til kokken!
rohs til k<u>o</u>ggen

YOU MAY HEAR

Velbekomme!
Enjoy your meal

51

MENU GUIDE

abrikos-	apricot…
agerhøne	partridge
agurk	cucumber
agurkesalat	finely sliced pickled cucumber
akvavit	aquavit, a potato-based liquor
ananas	pineapple
ananasfromage	pineapple mousse
and	duck
ansjos	anchovy
appelsin-	orange…
appelsinfromage	orange mousse
artiskokker	artichokes
asier	pickled cucumber chunks
asparges	asparagus
aspargesgratin	asparagus soufflé
aspargessuppe	asparagus soup
bagt(e)	baked
bajerske pølser	frankfurters
benløse fugle	beef (or veal) olives
betjening iberegnet	service included
biksemad med spejlæg	fried potatoes with diced meat and a fried egg
bladselleri	celery
blodpølse	black pudding
blomkål	cauliflower
blomkålsgratin	cauliflower soufflé
blomme-	plum…
bløde løg	fried onions
blødkogt æg	soft-boiled egg
blå forel	poached trout
blåmuslinger	mussels
boller	meat and flour dumplings (in broth); buns
boller i karry	meat balls in mild curry sauce
boller i selleri	meat balls in celeriac sauce
bouillon	broth
brasede kartofler	sauteé potatoes

brisler	sweetbread
brombær-	blackberry...
brunede kartofler	glazed potatoes (baked or fried with sugar)
brunkager	ginger biscuits
brunkål (med flæsk)	savoury browned cabbage (with belly of pork)
brændende kærlighed	mashed potatoes with bacon and onions
brød	bread
butterdej	puff pastry
bækforel	trout
bøf med løg	minced beef steak with onions
bøf ta(r)tar	beef tartare (finely chopped or minced raw fillet of beef with a raw egg yolk, capers, chopped beetroot and raw onion)
bønner	beans
bønnespirer	bean sprouts
børnemenu	children's menu
cacao	cocoa
cacaolikør	chocolate liqueur
cacomælk	chocolate milk
champignons	mushrooms
champignonstuvning	creamed mushrooms
champignonsuppe	mushroom soup
chokolade budding	chocolate blancmange
chokoladeis	chocolate ice cream
chokoladeskål	chocolate bowl (with fruit)
citron	lemon
citronfromage	lemon mousse
citronvand	lemonade
cocktailpølser	cocktail sausages
créme fraiche	sour cream
crepinetter	pork rissoles
dadler	dates
dagens middag	today's dinner
dagens ret	dish of the day
dampet, dampkogt	steamed
dansk bøf	minced beef steak

dansk vand	mineral water
dild	dill
dildsild	dill herring
dildsmør	dill butter
drueagurk	gherkin
druer	grapes
due	pigeon
duebryst	pigeon breast
dyrekølle	haunch of venison
dyreryg	saddle of venison
dyrlægens natmad	pâté, salt beef, meat jelly and raw onion on ryebread
engelsk bøf	steak and onions
estragon	tarragon
farseret	stuffed
fasan	pheasant
fedt	dripping
fersken, ferskner,	peach(es)
ferskrøget laks	smoked salmon
figner	figs
fisk	fish
fiskeboller	fish ball or dumpling
fiskefilet med remoulade	fish fillet with sweet mustard sauce
fiskefrikadeller	fish rissoles
fiskegratin	fish mousse
fjerkræ	poultry
flûte	dinner roll/French stick
flæsk	belly of pork
flæskekarbonade	minced pork steak
flæskesteg med rødkål	roast pork with sweet-and-sour red cabbage
flæskesvær	crackling
flæskeæggekage	bacon omelette
fløde	cream
flødelegeret	thickened with cream
flødeost	cream cheese
flødepeberrod	whipped cream with horseradish
fløderand	vanilla mousse
flødeskum	whipped cream

flødesovs/-sauce	sauce or gravy thickened with cream
flødestuvet	creamed
forel	trout
forloren hare	meat loaf
forloren skildpadde	sherry – or madeira-flavour stew with meat balls, fish balls and hard-boiled eggs
forretter	starters
forårsrulle	spring roll
fransk bøf	steak with parsley butter
franskbrød	white bread
franske kartofler	crisps
frikadeller	pork rissoles
frisk(e)	fresh(ly)
friteret	deep-fried
friturestegt	deep-fried
frokost	lunch
frokostretter	lunch dishes
frugt(er)	fruit
frugtsalat	fruit salad (sometimes with a creamy dressing)
frugttærte	fruit tart of flan
frølår	frogs' legs
fyldt(e)	filled, stuffed
gaffelbidder	bite-sized pieces of strongly flavoured marinated herring fillet
gammeldags, gammaldaws	traditional
gammelost	very mature cheese
garneret	garnished
gedde	pike
gelé	jelly
gemyse	vegetables
glaseret, glaserede	glazed (baked or fried with sugar)
gratineret	au gratin (browned with breadcrumbs)
gravad laks	marinated salmon
grillpølse	grilled or fried sausage
grillretter	from the grill

grillstegt	grilled
groft salt, grovsalt	coarse salt
grovbrød	whole-kernel ryebread
grovflûte	wholemeal dinner roll
gryderet	casserole
græsk salat	tossed salad with feta cheese and olives
græskar	pickled pumpkin or marrow
grøn salat	green salad, tossed salad
grøn(t)sager	vegetables
grøn(t)sagsrulle	vegetarian spring roll
grønkål	curly kale
grønkålssuppe	curly kale soup
grønlandske rejer	Greenland prawns
grønlangkål	creamed curly kale
grønne bønner	green beans
grønærter	green peas; creamed peas
gule ærter med flæsk	yellow split-pea soup with belly of pork
gulerødder	carrots
gås	goose
gåsebryst	goose breast
gåselever	goose liver
gåseleverpostej	goose-liver pâté
gåsesteg	roast goose
hachis	minced beef in gravy
hakkebøf med løg	minced beef steak with onions
hakket, hakkede	chopped
halvsød	medium sweet
halvtør	medium dry
hamburgerryg	smoked pork loin
haresteg	roast hare
hasselnødder	hazelnuts
havregrød	porridge
hedvin	fortified wine
hellefisk	flounder
helleflynder	halibut
helstegt	roasted as a joint
hindbær-	raspberry…
hjemmebag(t)	home-baked (pastries)

hjemmelavet	home-made
hjerter	heart
hofdessert	meringue with chocolate-flavoured whipped cream
hornfisk	garfish
hovedretter	main courses
hummer-	lobster…
hummerhaler	lobster tails
husets	of the house
hvide bønner	broad beans
hvide kartofler	boiled potatoes
hvide sild	white marinated herring
hvidkål	white cabbage
hvidkålsrulle	stuffed cabbage
hvidkålssuppe	cabbage soup
hvidløg	garlic
hvidløgsost	cream cheese with garlic
hvidløgssmør	garlic butter
hvidvin	white wine
hvidvinsdampet	steamed in white wine
hvidvinsgelé	white-wine jelly
højreb	saddle of beef
høns	chicken
hønsefrikassé	creamy chicken stew
hønsekødssuppe	chicken broth with dumplings and vegetables
hønsesalat	creamy chicken salad
håndmadder	plain open sandwiches
hårdkogt æg	hardboiled egg
is	ice cream
isanretning	(elaborate) ice cream dessert
italiensk salat	peas, carrots and asparagus in a creamy dressing
jomfruhummer	Norwegian crayfish
jordbær-	strawberry…
jordbæris	strawberry ice cream
jordbærsyltetøj	strawberry jam
julienne	with thin vegetable strips
juliennesuppe	clear vegetable soup
kaffe	coffee

kage(r)	cake(s)
kakao	cocoa
kalkun	turkey
kalkunbryst	turkey breast
kalkunlår	turkey leg
kalv(ekød)	veal
kalvebrisler	veal sweetbread
kalvefilet	fillet of veal
kalvefrikassé	creamy veal stew
kalvelever	veal liver
kalvesteg	roast veal
kande	pot
kanel	cinnamon
kanin	rabbit
karamelrand	caramel custard
karamelsovs/-sauce	caramel sauce
karbonade	minced pork steak
karrysalat	chopped egg in creamy curry dressing
karrysild	marinated herring in curry dressing
karse	cress
kartoffel, kartofler	potato(es)
kartoffelmos	mashed potatoes
kartoffelsalat	potato salad
kastanie-	chestnut...
kaviar	caviare
kiks	crackers, biscuits
kirsebær-	cherry...
klar suppe med boller	broth with meat (and flour) dumplings
klipfisk	salt cod
knækbrød	crispbread
knækpølse	'knackwurst', short thick sausage
kogt(e)	boiled
kold(t)	cold
koldt bord	cold buffet
kommen	caraway
kompot	stewed fruit
kotelet	chop

krabbekløer	crab meat (from the claws)
krabbesalat	crab salad
kransekage	marzipan cake
kringle	pastry with almonds, raisins and/or cinnamon
kroplatte	cold buffet served at table
krydder	crisp morning roll (a little like a rusk)
krydder-	savoury, spicy
kryddersild	spicy red marinated herring
krydderurter	herbs
krydret	spiced
kræmmerhuse	cones (with jam and whipped cream)
kylling	chicken
kyllingebryst	chicken breast
kyllingelever	chicken liver
kyllingelår	chicken leg
kyllingesalat	chicken pieces in creamy dressing
kærnemælk	buttermilk
kærnemælkskoldskål	cold buttermilk and cream soup
kød	meat
kødboller	meatballs, meat dumplings
kødgratin	meat soufflé
kødpølse	sliced pork sausage
kødretter	meat dishes
kål	cabbage
labskovs	meat and potato stew
lage	marinade
lagkage	gâteau
laks	salmon
lam	lamb
lammekoteletter	lamb chops
lammekølle	leg of lamb
lammeryg	saddle of lamb
lammesteg	roast lamb
legeret	creamed, thickened
let	light(ly)
letmælk	semi-skimmed milk
lette retter	small dishes (often hot), snacks

lever	liver
leverpostej	pâté
likør	liqueur
lun(t), lune	warm
luxusøl	double-strength beer/lager
lys pilsner/øl	low alcohol lager
løg	onions
løgsovs	onion sauce
løgsuppe	onion soup
løse ris	boiled rice
madeirasild	herring in sweet madeira-flavoured marinade
majs	corn, maize
majskolbe	corn on the cob
makrel	mackerel
makrelsalat	mackerel fillet in tomato and mayonnaise
marengs	meringue
marineret, marinerede	marinated
marineret/marinerede sild	marinated herring
marmelade	jam, marmelade
medisterpølse	fried pork sausage
melboller	flour dumplings (in broth)
meuniére	with shrimps
millionbøf	minced beef in gravy
mineralvand	fizzy mineral water
mokka	strong after-dinner coffee
morgencomplet	breakfast
morgenmad	breakfast
muslinger	mussels
mørbrad	fillet
mørbradbøf	fried fillet of pork
nougatis	ice cream with burnt sugar
nudler	noodles
ny-	newly, freshly...
nyrer	kidneys
nødder	nuts
oksefilet	fillet of beef
oksehalesuppe	oxtail soup
oksehøjreb	saddle of beef

oksemørbrad	roast sirloin
oksesteg	roast beef
oksetunge	ox tongue
oksetyksteg	roast beef
olie	oil
ost	cheese
oste-	cheese...
osteanretning	cheese board
othello lagkage	gâteau with cream, custard and chocolate icing
ovnbagt	oven-baked
pandekager	pancakes
pandestegt	pan-fried
paneret	coated with breadcrumbs
pariserbøf	minced beef steak on toast with capers, grated horseradish and a raw egg yolk
parisertoast	toasted cheese and ham sandwich
pattegris	sucking pig
peber	pepper
peberbøf	peppered steak
peberfrugt(er)	pepper(s), capsicum
pebermynte	(pepper)mint
peberrod	horseradish
perleløg	small glazed pearl onions
persille-	parsley...
pighvar	turbot
pikant	savoury, spicy, herb-flavoured
pillekartofler	new potatoes boiled in their skins
platte	cold buffet served at table
pocheret, pocherede	poached
pommes frites	chips, French fries
porrer	leeks
portvin	port
purløg	chives
pære-	pear...
pølse(r)	sausage(as)
rabarber-	rhubarb...
rabarbergrød	soft rhubarb jelly
radiser	radishes

ragout	stew
rasp	breadcrumbs
rejer	prawns, shrimps
rejesalat	creamy prawn/shrimp salad
remoulade	sweet mustard-and-herb dressing
ret(ter)	dish(es), course(s)
revelsben	spare ribs
reven(t),	revne grated
ribbensteg	roast spare ribs
ribsgelé	redcurrant jelly
ris	rice
ris à l'amande	cold rice pudding with whipped cream, chopped almonds and cherry sauce
ristet franskbrød	toast
ristet, ristede	fried, toasted
rogn	fish roe
rombudding	rum-flavoured blancmange
romfromage	rum mousse
rosenkål	Brussels sprouts
rosiner	raisins
roulade	sponge roll; rolled-up stuffed slice of meat; rolled-up joint of meat
rugbrød	ryebread
rullepølse	sliced streaky pork sausage
rullesteg med svesker	pot-roasted pork stuffed with prunes
rundstykke	breakfast roll
rødbeder	beetroot
røde sild	red marinated herring (more spicy than the white)
rødgrød med fløde	soft red-fruit jelly with cream
rødkål	sweet-and-sour boiled red cabbage
rødspætte	plaice
rødspættefilet	fillet of plaice
rødvin	red wine
rødvinsgelé	red-wine jelly
rødvinssky	red-wine gravy
røget	smoked

røget makrel	smoked mackerel
røget sild	smoked herring
røget ål med røræg	smoked eel with scrambled eggs
røræg	scrambled egg
rå	raw
råcreme	cold vanilla cream sauce
saft	juice
salat	plain green tossed salad; chopped vegetables or meat or fish in various creamy dressings
salathoved	lettuce
selleri	celery
sennep	mustard
sennepsovs	mustard sauce
shislik	kebab
sigtebrød	a mixture of rye and wheatbread
sild	herring
sildesalat	marinated herring salad
skaldyr	shellfish
skid(d)enæg	hardboiled eggs in mustard sauce
skildpaddesuppe	turtle soup
skinke	ham
skipperlabskovs	meat and potato stew
skummetmælk	skimmed milk
sky	meat jelly or meat juices
slags	kinds
smør	butter
smørrebrød	open sandwiches
smørristet	lightly fried in butter
smørsovs	melted butter
smørstegt	fried in butter
småkager	cookies, biscuits
snaps	a potato-based liquor
snegle	snails
snitte(r)	small open sandwich(es)
sodavand	fizzy fruit-flavoured soft drinks
solbær-	blackcurrant...
solbærrom	blackcurrant liqueur
solbærsyltetøj	blackcurrant jam
sovs	sauce, gravy

spegepølse	salami
spegesild	marinated herring
spejlæg	fried egg
spinat-	spinach…
spisekort	menu
sprængt and	boiled salt duck
sprængt gås	boiled salt goose
sprængt oksebryst	boiled brisket of beef
steg	roast (joint)
stegt flæsk med persillesovs	fried bacon, potatoes and parsley sauce
stegt ål med stuvede kartofler	fried eel with potatoes in a creamy sauce
stegt(e)	fried, roast(ed)
stenbider	lumpfish
stenbiderrogn	lumpfish roe
stikkelsbær-	gooseberry…
stikkelbærgrød	soft gooseberry jelly
stjerneskud	open sandwich with a steamed and a fried fish fillet and prawns/shrimps piece(s) in a creamy sauce
sukker	sugar
suppe(r)	soup(s)
surbrød	light ryebread with caraway seeds
surkål	sauerkraut (fermanted white cabbage)
surt	pickled cucumber, marrow or beetroot
svampe	mushrooms
sveske-	prune…
sveskegrød	soft prune jelly
svine-	pork…
svinekam	roast pork
svinekotelet	pork chop
svinekød	pork
svinelever	pig's liver
svinemørbrad	fillet of pork
svær	pork crackling
sylte	brawn

syltet, syltede	preserved, pickled
syltetøj	jam
sød(t), søde	sweet
sød-og-sur	sweet-and-sour
sødlig	medium-sweet
søtunge	sole
tartelet(ter)	vol-au-vent(s)
te, the	tea
terninger: i terninger	diced
tomat-	tomato...
torsk	cod
torskelever	cod's liver
torskerogn	cod roe
trøfler	truffles
tunge	tongue, sole
tyttebær-	cranberry...
tærte	tart(s)
tør	dry
tørkager	individual cakes (without cream)
urter	herbs
uspecificeret smørrebrød	chef's selection of open sandwiches
vaffel, vafler	waffle(s)
vagtel	quail
valnødde-	walnut
vand	still water
vanillebudding	vanilla blancmange
vanillecreme	custard
vanilleis	vanilla ice cream
varme retter	hot dishes
vegetarretter	vegetarian dishes
vildt	game
vildtsovs	redcurrant sauce
vin(e)	wine(s)
vinbjergsnegle	snails
vindruer	grapes
Waldorfsalat	walnuts, grapes and celery in a creamy dressing
wienerbrød	flaky Danish pastry
wienerschnitzel	pork or veal escalope

MENU GUIDE

ymer	milk curd, junket (creamier than yoghurt)
ymerfromage	curd or youghurt mousse
æble-	apple...
æbleflæsk	fried bacon or belly of pork with stewed apples
æblegrød	soft apple jelly (as dessert)
æblekage med flødeskum	cold apple crumble with whipped cream
æblemost	apple juice
æbleskiver	warm doughnuts
æg	egg(s)
æggeblomme	egg yolk
æggehvider	egg whites
æggekage	omelette (with bacon)
ægte	real
ærter	peas
øl	beer
øllebrød	beer-and-bread soup
ørred	trout
østers	oysters
ål	eel
ål i gelé	jellied eel

SHOPPING

The normal opening hours are 9am to 5.30pm with late closing on Fridays up to 7 or 8pm. Shops close at 1pm or 2pm on Saturdays except for the first Saturday in every month, when the shops are open until 4pm, and the Christmas period, when most larger shops are open until 7 or 8pm. The supermarkets at the railway stations in Copenhagen, Århus and Ålborg stay open until late at night.

The two main shopping streets in Copenhagen and Århus are known as 'Strøget' *[strøyet]*, although that is not the official name. In both cities 'Strøget' consists of several streets; both are pedestrian precincts.

USEFUL WORDS AND PHRASES

audio equipment	'hi-fi'	
baker	en bager	*b<u>a</u>h-yor*
boutique	en modeforretning	*m<u>o</u>hther-forr<u>e</u>tning*
butcher	en slagter	*sl<u>a</u>gdor*
bookshop	en boghandel	*b<u>o</u>h-h<u>a</u>nnel*
to buy	købe	*k<u>u</u>rber*
cake shop	et konditori	*kondidd<u>o</u>r<u>ee</u>*
cheap	billig	*b<u>ee</u>lee*
chemist	et apotek	*abboht<u>a</u>yk*
department store	et varehus	*v<u>a</u>hrer-hoos*
fashion	en mode	*m<u>o</u>hther*
fishmonger	en fiskehandler	*fisker-h<u>a</u>nlor*
florist	en blomsterforretning	*bl<u>o</u>mstor-forr<u>e</u>tning*
grocer	en købmand	*k<u>u</u>rman*
ironmonger	en isenkræmmer	*<u>ee</u>sen-kremmor*
ladies' wear	dametøj(et)	*d<u>a</u>hmer-toy*
menswear	herretøj(et)	*h<u>ai</u>rer-toy*
newsagent	en kiosk	*kyosk*
receipt	en kvittering	*kvitt<u>ai</u>ring*
record shop	en pladeforretning	*pl<u>a</u>hther-forr<u>e</u>tning*
sale	et udsalg	*<u>oo</u>thsal*

shoe shop	en skoforretning	*skoh-forretning*
shop	en forretning	*forretning*
to go shopping	gå på indkøb	*gaw paw inkurp*
souvenir shop	en 'souvenir'-forretning	*'souvenir'-forretning*
special offer	et særtilbud	*sairtilbooth*
to spend	bruge	*broo*
stationer	en papirhandel	*papeer-hannel*
supermarket	et supermarked	*soobor-marketh*
tailor	en skrædder	*skrethor*
till	kasse(n)	*kasser*
toyshop	en legetøjsforretning	*liertoys-forretning*
travel agent	et rejsebureau	*riser-bew-roh*

I'd like...
Jeg vil gerne have...
yi vil gairner ha

Do you have...?
Har De...?
har dee

How much is this?
Hvad koster det?
va kostor day

Where is the ... department?
Hvor er... afdelingen?
vor ai ... owdayling-en

Do you have any more of these?
Har De flere af disse her?
har dee flairer ah disser hair

Have you anything cheaper?
Har De noget, der er billigere?
har dee nawth dair air beeleeyorrer

Have you anything larger/smaller?
Har Det noget større/mindre?
har dee nawth sturrer/mindrer

Does it come in other colours?
Har De andre farver?
har dee andrer farvor

Can I try it (them) on?
Ma jeg prøve den (dem)?
maw yi prurver den (dem)

Could you wrap it for me?
Vil De godt pakke det ind?
vil dee got pagger day in

Can I have a receipt?
Kan jeg få en kvittering?
ka yi faw in kvittairing

Can I have a bag, please?
Ma jeg bede om en pose?
maw yi bay om in pohser

Where do I pay?
Hvor er kassen?
vor air kassen

I'd like to change this, please
Jeg vil gerne have lov at bytte dette her
yi vil gairner ha law-oo or bewder dedder hair

Can I have a refund?
Kan jeg få det refunderet?
ka yi faw day reffoondairet

I'm just looking
Jeg kigger bare
yi keeggor bar

THINGS YOU'LL HEAR

Får De?
Are you being served?

Kan jeg hjælpe Dem med noget?
Can I help you?

Har De ingen småpenge?
Have you any smaller money?

Vi har desværre udsolgt
I'm sorry, we're out of stock

Hvor mange?
How many?

Hvor meget?
How much (do you want)?

Det er alt hvad vi har
This is all we have

Hvilken størrelse?
What size?

Er der andet jeg kan hjælpe Dem med?
Will there be anything else?

Betal ved kassen
Pay at the till

THINGS YOU'LL SEE

1. sal	1st floor
afbetaling	hire purchase
-afdeling	...department
antikviteter, antikvitetshandler	antiques
apotek	chemist's
aviser og blade	newspapers and magazines
bager(i)	baker(y)
betaling	paying
betal ved kassen	pay at the till/check-out
billig(t), billige	bargain-priced
blomster	flowers
boghandel	bookshop
briller	optician
bøger og papir	books and stationery
børnetøj	children's wear
bånd	tapes, cassettes
campingudstyr	camping equipment
chokolade	chocolates, sweet shop
cykler	bicycles
damekonfektion	ladies' wear
damelingeri	ladies' underwear
dametøj	ladies' fashion
el-artikler	electrical goods
fisk (og vildt)	fish (and game)
foto-artikler	photographic equipment
fotohandel, fotohandler	camera shop
frimærker	stamps (for collectors)
frugt og grønt	fruit and vegetables
fødevarer	food department
gaver, gaveartikler	gifts
guld og sølv	jeweller
guldsmed	jeweller
herreekvipering	menswear

→

herretøj	menswear
hvidevarer	linen
hælebar	heel bar
hårde hvidevarer	refrigerators, washing machines, dish washers
isenkram	hardware
kasse	till, check-out
kiosk	newsagent's, sweet shop
kolonial(varer)	groceries
konditori	baker, cake shop
konfiture	sweets, chocolates
konserves	canned food
kontant	cash
kontorartikler	office supplies
kunst	arts and crafts
kvalitet	quality
kød (og flæsk)	meat, butcher
køkkenudstyr	hardware
legetøj	toys
lukket	closed
lædervarer	leather goods
manufaktur(varer)	drapery (goods)
mode	fashion
møbler	furniture
ny(t), nye	new
nyhed	new
ophørsudsalg	closing-down sale
optik(er)	optician
ost	cheese
papir	stationery
parfume(ri)	perfume, cosmetics
pelse, pelsvarer	furs
plader	records
porcelæn	porcelain, crockery
pris	price
rabat	reduced price, discount

→

radio og fjernsyn	radio and television, audio equipment
rejsebureau	travel agent
rengøringsmidler	detergents, cleaning materials
renseri	dry cleaner
sko	shoes
skomager	shoemaker
slagter	butcher
smørrebrød	take-away sandwiches
stk.	items, pieces
strikvarer	knitwear
stuen	ground floor
syartikler	haberdashery
særtilbud	special offer
tilbud	offer
tobak(svarer)	tobacco
trikotage	hosiery, knitwear
tryk	push
træk	pull
udsalg	sale
ure, urmager	clocks, watches, watchmaker
vin og spirituosa	wine and spirits
åben	open

AT THE HAIRDRESSER

Although most hairdressers will be either ladies' or men's, 'damefrisør' [dahmer-frissur] or 'herrefrisør' [hairer-frissur], the unisex type is becoming more common. It is still normal to ask for an appointment at a ladies' hairdresser (though not at a men's), but recently some have begun to announce that appointments are not necessary by displaying a sign saying 'ingen tidbestilling' [ing-en teethbestilling], meaning 'no appointments'. You do not tip Danish hairdressers.

USEFUL WORDS AND PHRASES

appointment	en tid	*teeth*
beard	et skæg	*skayg*
blonde	blond	*blon*
brush	en børste	*burster*
comb	en kam	*kam*
conditioner	hårbalsam(en)	*horbahlsam*
curlers	'curlers'	
curling tongs	krøllejern(et)	*krurler-yairn*
curly	krøllet	*krurlet*
dark	mørk	*murk*
fringe	pandehår(et)	*panner-hor*
gel	gelé(en)	*shellay*
hair	hår(et)	*hor*
haircut	en klipning	*klipning*
hairdresser	en frisør	*frissur*
hairdryer	en hårtørrer	*hor-turror*
hightlights	lyse spidser	*lewser spissor*
long	langt	*langt*
moustache	et overskæg	*aw-wor-skayg*
parting	en skilning	*skilning*
perm	en permanent	*pairmannent*
shampoo	en hårvask	*horvask*
shave	en barbering	*barbairing*

shaving foam	barberskum(met)	*barbair-skawn*
short	kort	*kort*
styling mousse	'styling mousse'	
wavy	bølget	*burl-yet*

I'd like to make an appointment
Jeg vil gerne bestille tid
yī vil gairner bestiller teeth

Just a trim, please
Kun en studsning, tak
kawn in stoosning tak

Not too much off
Ikke for meget af
igger for mī-et ah

A bit more off here, please
Lidt mere af her, tak
lit mairer ah hair tak

I'd like a cut and blow-dry
Jeg vil gerne have mit hår klippet of føntørret
yī vil gainer ha mit hor klibbet or furnturret

I'd like a perm
Jeg vil gerne permanentes
yī vil gairner pairmannendes

I'd like highlights
Jeg vil gerne have lyse spidser
yī vil gairner ha lewser spissor

THINGS YOU'LL SEE

barber	men's hairdresser
barbering	shave
damefrisør	ladies' hairdresser
farvning	dye
frisør	hairdresser
føntørring	blow-dry
herrefrisør	men's hairdresser
hårvask	shampoo
ingen tidsbestilling	no appointments (necessary)
klipning	haircut
lyse spidser	highlights
permanent	perm
toning	tint
vandondulation	shampoo and set

THINGS YOU'LL HEAR

Hvordan vil De have det?
How would you like it?

Er det kort nok?
Is that short enough?

Vil De gerne have en 'cream rinse'?
Would you like any conditioner?

SPORT

Since Denmark is surrounded by sea on all sides (except the south of Jutland), bathing, swimming, sailing and other water sports are very popular. The beaches, many of them with sand dunes that make excellent suntraps, are open to all, and you don't have to pay. It is considered perfectly normal for women to go topless and nude bathing is allowed in quite a few places. Sailing is particularly common among the small islands round Funen, and there are good opportunities for hiring sailing boats, motorboats and, on lakes and rivers, rowing boats and canoes. If you're thinking of doing some fishing, it would be advisable to contact one of the several angling societies, the addresses of which are available from Danmarks Sportsfiskerforbund, Worsåesgade 1, 7100 Vejle.

As in most European countries, football is popular. The well-behaved Danish fans are known as 'roligans', formed on the analogy of 'hooligans' from the Danish word 'rolig' meaning 'calm'. Handball is also frequent, while the popularity of badminton has put some Danish players among the best in the world.

Golf used to be rare but is now, together with horse riding, on the increase – as is ice-skating, boosted by popular television shows. Cycling is an activity pursued with much zest and vigour by the Danes, and hiring a bicycle is no problem. Denmark is an ideal country for cycling holidays. Make sure that your bike has a light, a bell and reflectors on the pedals and rear mudguard. Reflective labels to stick on your back (with a safety pin) are popular and make good sense. Ask for 'refleksmærker' [*reflexmairgor*].

Forget about mountaineering or skiing: one of the highest mountains, proudly referred to by the Danes as Himmelbjerget [*himmel-byair-wet*], 'the sky mountain', is a modest hill of 426 feet.

USEFUL WORDS AND PHRASES

athletics	atletik	_atlerteek_
badminton	badminton	_batminton_
ball	en bold	_bol_
beach	en strand	_stran_
bicycle	en cykel	_sewggel_
canoe	en kajak	_ka-yak_
canoeing	kajakroning	_ka-yak-rohning_
deckchair	en liggestol	_ligger-stohl_
diving board	en vippe	_vibber_
fishing	lystfiskeri(et)	_lurst-fiskeree_
fishing rod	en fiskestang	_fisker-stang_
flippers	svømmefødder(ne)	_svurmer-furthor_
football	fodbold	_fohth-bol_
football match	en fodboldkamp	_fohth-bol-kamp_
goggles	svømmebriller(ne)	_svurmer-brellor_
golf	golf	_golf_
golf course	en golfbane	_golf-bahner_
gymnastics	gymnastik	_gewmnasteek_
harpoon	en harpun	_harpoon_
hockey	hockey	_hoggi_
jogging	'jogging'	
lake	en sø	_sur_
oxygen bottles	iltflasker(ne)	_eelt-flaskor_
pedal boat	en pedalbåd	_piddahl-bawth_
racket	en ketsjer	_ketchor_
riding	ridning	_reethning_
rowing boat	en robåd	_roh-bawth_
to run	løbe	_lurber_
sailboard	et windsurfingbræt	_windsurfing-bret_
sailing	sejlsport(en)	_silsport_
sand	sand(et)	_san_
sea	hav(et)	_how_
to skate	skøjte	_skoyder_
skates	skøjter(ne)	_skoydor_
skin diving	sportsdykning	_sportsdurkning_

snorkel	en snorkel	_snorkel_
stadium	et stadion	_stahd-yon_
sunshade	en parasol	_pahrahsol_
to swim	svømme	_svurmer_
swimming pool	en 'swimming pool'	
(*municipal*)	en svømmehal	_svurmer-hahl_
tennis	tennis	_tennis_
tennis court	en tennisbane	_tennis-bahner_
tennis racket	en tennisketsjer	_tennis-ketchor_
tent	et telt	_telt_
underwater fishing	undervandsfiskning	_awnorvans-fiskning_
volleyball	'volleyball'	
walking	traveture	_trahver-toorer_
water-skiing	vandski	_vanskee_
water skis	vandski(ene)	_vanskee_
wave	en bølge	_burl-yer_
wet suit	en dykkerdragt	_durgger-dragt_
yacht	en lystbåd	_lurst-bawth_

How do I get to the beach?
Hvordan kommer jeg til stranden?
vordan kommor yī til strannen

How deep is the water here?
Hvor dybt er vandet her?
vor dewbt air vannet hair

Is there an indoor/outdoor pool here?
Er der en indendørs/udendørs 'swimming pool' her?
air dair in innendurs/oothendurs 'swimming pool' hair

Is it safe to swim here?
Er det ufarligt at svømme her?
air day oofarleet or svurmer hair

Can I fish here?
Kan jeg fiske her?
ka yī fisker hair

Do I need a licence?
Behøver jeg et fisketegn?
beh<u>ur</u>vor yī it f<u>i</u>skertīn

I would like to hire a sunshade
Jeg vil gerne leje en parasol
yī vil g<u>ai</u>rner lī-er in pahrahs<u>o</u>l

How much does it cost per hour/day?
Hvad koster det i timen/om dagen?
va k<u>o</u>stor day ee t<u>ee</u>men/om dahn

I would like to take water-skiing lessons
Jeg vil gerne have vandski-undervisning
yī vil g<u>ai</u>rner ha v<u>a</u>nskee-<u>aw</u>norveesning

Where can I hire… ?
Hvor kan jeg leje… ?
vor ka yī l<u>i</u>-er

THINGS YOU'LL SEE

badeanstalt	municipal baths, swimming pool
badning forbudt	no bathing
billetter	tickets
bilvæddeløb	motor racing
bordtennis	table tennis
både	boats
cykelløb	cycle racing
cykler	bicycles
dampbad	Turkish baths
fiskeri forbudt	no fishing
gebyr	fee
havn(en)	(the) harbour
hestevæddeløb	horse racing
indgang	entrance

→

ishockey	ice-hockey
kegler	ninepin bowling
livredder	lifeguard
lystbådehavn(en)	(the) marina
lystfiskeri	angling
omklædningsrum	changing rooms, locker rooms
redningsbælte	life-belt
rideskole	riding school
skøjtehal	ice rink
skøjteløb	ice-skating
sportshal	sports centre
sportsudstyr	sports equipment
stadion	stadium
strand(en)	(the) beach
svømmehal	swimming pool
tennisbaner	tennis courts
til leje	for hire
travløb	trotting (races)
udgang	exit
udlejning	hire
vandski	waterskiing
væddeløbsbane	race course

POST OFFICES AND BANKS

A Danish post office is called a 'posthus' [p*o*sst-hoos]. Their opening hours are normally those of ordinary shops, ie from 9.30am to 5pm on weekdays and from 9.30 to 12 noon on Saturdays; but you can get stamps at any newsagent's or wherever you buy your postcards. Danish letter boxes are dome-shaped and bright red.

The opening hours of banks are generally as in Britain, although you can change money until 10pm at 'Hovedbanegørden', the main railway station in Copenhagen, and banks stay open until 6pm on Thursdays. Danish currency consists of 'kroner' [kr*oh*nor] and 'øre' [*urr*er]. One 'krone' has 100 'øre'. The coins are: 25 and 50 øre, and 1, 2, 5, 10 and 20 kroner (kr); and there are notes of 50, 100, 200 50, 1,000 and 5,000 kroner.

USEFUL WORDS AND PHRASES

airmail	luftpost(en)	l*aw*ftposst
bank	en bank	b*a*nk
banknote	en seddel	s*e*thel
to change	veksle	v*e*ksler
cheque	en check	shek
collection	en tømning	t*u*rmning
counter	skranke(n)	skr*a*nker
customs form	en toldformular	t*u*ll-formool*a*r
delivery	en udbringning	*oo*thbringning
deposit	et depositum	dayp*oh*seetawm
exchange rate	kurs(en)	k*oo*rs
form	en blanket	blank*e*t
international money order	en international postanvisning	*i*ntornashon*ah*l p*o*sst-anveesning
letter	et brev	brayv
letter box	en postkasse	p*o*sstkasser
mail	post(en)	p*o*sst
money order	en postanvisning	p*o*sst-anveesning
package/parcel	en pakke	p*a*gger

post	post(en)	*posst*
postage rates	porto(en)	*portoh*
postal order	en postanvisning	*posst-anveesning*
postcard	et postkort	*posstkort*
postcode	et postnummer	*posstnawmor*
poste-restante	poste restante	*posster raystangder*
postman	postbud(et)	*posst-booth*
post office	et posthus	*posst-hoos*
pound sterling	engelske pund	*enggelsker poon*
registered letter	et anbefalet brev	*anbefahlet brayv*
stamp	et frimærke	*freemairker*
surface mail	almindelig post	*ahlminnerlee posst*
traveller's cheque	en rejsecheck	*riser-shek*

How much is a letter/postcard to… ?
Hvad skal der på et brev/postkort til… ?
va ska dair paw it brayv/posstkort til

I would like three 3 kroner stamps
Jeg vil gerne have tre 3-kroners frimærker
yi vil gairner ha tray tray-krohnors freemairgor

I want to register this letter
Jeg ønsker at sende dette brev anbefalet
yi urnskor or senner dedder brayv anbefahlet

I want to send this parcel to…
Jeg ønsker at sende denne pakke til…
yi urnskor or senner denner pagger til…

How long does the post to… take?
Hvor lang tid tager det for at nå… ?
vor lang teeth tar day for or naw

Where can I post this?
Hvor kan jeg poste dette?
vor ka yi posster dedder

Is there any mail for me?
Er der post til mig?
air dair posst til mi

This is to go airmail
Dette skal sendes med luftpost
dedder ska sennes meth lawftposst

I'd like to change this into…
Jeg vil gerne veksle dette til…
yi vil gairner veksler dedder til

Can I cash these traveller's cheques?
Kan jeg indløse disse rejsechecks?
ka yi inlurser disser riser-sheks

What is the exchange rate for the pound?
Hvad står pundet i?
va stor poonet ee

THINGS YOU'LL SEE

afsender	sender
anbefalede breve	registered letters
blanket	form
breve	letters
dankort	cash card
fremmed valuta	foreign currency
frimærker	stamps
ID-kort	cheque card
indland	inland
kasse	cashier
konto	account
kurs(er)	exchange rate(s)
luftpost	airmail
lukket	closed
pakker	parcels
porto	postage
postanvisning	money order, postal order
posthus	post office
postkasse	letter box
postkort	postcards
postnummer	postal code
rejsechecks	traveller's cheques
sparekasse	savings bank
tømmes	collection(s)
udland	abroad
vekselkontor	exchange office
veksling	exchange
åben	open

TELEPHONING

As in Britain, instructions for telephoning are clearly displayed in public telephone boxes. The minimum needed to use a coin box is a 1 kroner piece. Direct calls to Britain are made by dialling 0044 before the UK number (remember to omit the initial 0 of the UK STD code). The code for the USA is 001. The dialling tone in Denmark is the same as in Britain; the ringing tone consists of long, single, repeated tones; and the engaged signal is a series of rapid pips.

The Danes say numbers in series of pairs, eg 48 47 65 is 'otteogfyrre syvogfyrre femogtres' (forty eight, forty seven, sixty five).

In any emergency dial 112.

USEFUL WORDS AND PHRASES

call	en samtale	*samtahler*
to call	ringe til	*reng-er til*
code	kaldenummer(et)	*kahler-nawmor*
crossed line	to på linjen	*toh paw leen-yen*
to dial	dreje	*drī-er*
dialling tone	klartone(n)	*klar-tohner*
emergency	en nødsituation	*nurth-sittoo-ashohn*
enquiries	oplysningen	*oplewsningen*
extension	et lokalnummer	*lohkahl-nawmor*
international call	en udenrigssamtale	*oothenrees-samtahler*
number	nummer(et)	*nawmor*
operator *(faults)*	fejlkontor(et)	*fil-kontor*
(overseas)	udenrigstelefon(en)	*oothenrees-tillerfohn*
pay-phone	en mønttelefon	*murnt-tillerfohn*
receiver	rør(et)	*rur*
reverse charge call	en opringning hvor modtageren betaler	*oprengning vor mohth-tjoren betahlor*
telegram	et telegram	*tillergram*
telephone	en telefon	*tillerfohn*

telephone box	en telefonboks	*tillerfohn-boks*
telephone	en telefonbog	*tillerfohn-boh*
directory		
wrong number	forkert nummer	*forkairt nawmor*

Where is the nearest phone box?
Hvor er den nærmeste telefonboks?
vor air den nairmerster tillerfohn-boks

Is there a telephone directory?
Er der en telefonbog?
air dair in tillerfohn-boh

I would like the directory for…
Jeg vil gerne bede om telefonbogen for…
yi vil gairner bay om tillerfohn-bohn for

Can I call abroad from here?
Kan jeg ringe til udlandet herfra?
ka yi reng-er til oothlannet hairfrah

How much is a call to… ?
Hvad koster en opringning til… ?
va kostor in oprengning til

I would like to reverse the charges
En samtale, hvor modtageren betaler, tak
in samtahler vor mohth-tioren betahlor tak

I'd like to send a telegram
Jeg vil gerne sende et telegram
yi vil gairner senner it tillergram

I would like a number in…
Må jeg bede om et nummer i…
maw yi bay om it nawmor ee

Hello, this is... speaking
Hallo, det er...
hahl<u>oh</u>, day air

Is that... ?
Er det... ?
air day

Speaking
Det er (+ *name*)
day air

I would like to speak to...
Jeg vil gerne tale med...
yĩ vil <u>gair</u>ner <u>tah</u>ler meth

Extension... please
Lokal... tak
lohk<u>ahl</u>... tak

Please tell him... called
Vil De godt sige at... ringede
vil dee got see at... r<u>e</u>ng-erther

Would you ask him to call me back, please
Vil De godt bede ham ringe til mig
vil dee got bay ham r<u>e</u>ng-er til mĩ

My number is...
Mit nummer er...
mit n<u>aw</u>mor air

Do you know where he is?
Ved De, hvor han er?
vayth dee vor han air

When will he be back?
Hvornår kommer han igen?
vornor kommor han iggen

Could you leave him a message?
Kunne De give ham en besked?
koo dee gee ham in beskayth

I'll ring back later
Jeg ringer igen senere
yi reng-er iggen saynorer

Sorry, wrong number
Beklager, forkert nummer
beklíor, forkairt nawmor

THINGS YOU'LL SEE OR HEAR

drej	dial
fejlkontoret	faults service
HJÆLP	emergency (dial 112)
kaldenummer	code
klartone	dialling tone
læg røret	replace the receiver
mønt(er)	coin(s)
opkald	call
oplysning(en)	directory enquiries
optaget	engaged
tag røret	lift the receiver
telefon	telephone
ude af drift	out of order
udenbys-	long-distance call
udenrigs-	international call
udenrigstelefonen	international calls service

Replies You May Be Given

Hvem ønsker De at tale med?
Who would you like to speak to?

De har fået forkert nummer
You've got the wrong number

Hvem taler jeg med?
Who's speaking?

Hvad er Deres nummer?
What is your number?

Han er her desværre ikke
Sorry, he's not in

Han kommer igen klokken...
He'll be back at... o'clock

Vær så venlig at ringe igen i morgen
Please call again tomorrow

Jeg skal sige, De ringede
I'll tell him you called

HEALTH

In Denmark medical care is free to nationals of EEC countries
– who will also be entitled to considerable reductions in dental
and chemist's charges. You may be asked to pay cash, in which
case your foreigners' discount will be refunded by the local
municipal office on application prior to leaving the country.
You should apply to the 'Kommunekontoret, afdeling for
sygesikring' (the local authority department of social security).

USEFUL WORDS AND PHRASES

accident	et uheld	_oo_hel
ambulance	en ambulance	amboolangser
anaemic	anæmisk	anaymisk
appendicitis	blindtarmsbetændelse	blintarms-betennelser
appendix	blindtarmen	blintarm
aspirin	en aspirin	aspireen
asthma	astma	astma
backache	rygsmerter	rurksmairdor
bandage	en forbinding	forbinning
bite (by dog)	et hundebid	hoonerbeeth
(by insect)	et insektstik	insekt-stik
bladder	blære(n)	blairer
blister	en vable	vahbler
blood	blod(et)	blohth
blood donor	en bloddonor	blohth-dohnor
burn	en forbrænding	forbrenning
cancer	kræft	kreft
chemist	et apotek	abbohtayk
chest	bryst(et)	brurst
chickenpox	skoldkopper	skolkobbor
cold	en forkølelse	forkurlelser
concussion	en hjernerystelse	yairner-rurstelser
constipation	forstoppelse	forstobbelser
contact lenses	kontaktlinser(ne)	kontaktlinsor
corn	en ligtorn	leetorn

cough	en hoste	*hohster*
cut	et snitsår	*sneetsor*
dentist	en tandlæge	*tanlay-er*
diabetes	sukkersyge	*sawgger-sew-yer*
diarrhoea	diarre	*dee-array*
dizzy	svimmel	*svimmel*
doctor	en læge, en doktor	*lay-er, dokdor*
earache	ørepine	*urrer-peener*
fever	feber	*faybor*
filling	en plombe	*plawnber*
first aid	førstehjælp	*furster-yelp*
flu	influenza	*infloo-ensa*
fracture	et brud	*brooth*
German measles	røde hunde	*rurther hooner*
glasses	briller(ne)	*brellor*
haemorrhage	en blødning	*blurthning*
hayfever	høfeber	*hurfaybor*
headache	hovedpine	*hohth-peener*
heart	hjerte(e)	*yairder*
heart attack	et hjerteanfald	*yairdder-anfahl*
hospital	et hospital	*hohspitahl*
ill	syg	*sew*
indigestion	dårlig fordøjelse	*dorlee fordoyelser*
injection	en indsprøjtning	*insproytning*
itch	kløe	*klur-er*
kidney	en nyre	*newrer*
lump	en knude	*knoother*
measles	mæslinger	*meslingor*
migraine	migræne	*migrayner*
mumps	fåresyge	*forer-sew-yer*
nausea	kvalme	*kvahlmer*
nurse *(female)*	en sygeplejerske	*sew-yer-pliorsker*
(male)	en sygeplejer	*sew-yer-plior*
operation	en operation	*ohberashohn*
optician	en optiker	*opteeggor*
pain	smert(en)	*smairdor*

penicillin	penicillin	*pennissilleen*
plaster (*sticky*)	et hæfteplaster	*hefter-plastor*
plaster of Paris	gips(en)	*geeps*
pneumonia	lungebetændelse	*lawng-er-betennelser*
pregnant	gravid	*graveeth*
prescription	en recept	*ressept*
rheumatism	gigt	*geekt*
scald	en skoldning	*skolning*
scratch	en rift	*reft*
smallpox	kopper	*kobbor*
sore throat	halsbetændelse	*hahls-betennelser*
splinter	en splint	*splint*
sprain	en forstuvning	*forstoovning*
sting	et insektstik	*insekt-stik*
stomach	mave(n)	*mahver*
temperature	feber	*faybor*
tonsils	madler(ne)	*manlor*
toothache	tandpine	*tanpeener*
travel sickness	rejsesyge	*riser-sew-yer*
ulcer	et mavesår	*mahver-sor*
vaccination	en vaccination	*vaksinnashohn*
to vomit	kaste op	*kaster op*
whooping cough	kighoste	*kee-hohster*

I have a pain in...
Jeg har smerter i...
yi har smairdor ee

I do not feel well
Jeg har det ikke godt
yi har day igger got

I feel faint
Jeg er dårlig
yi air dorlee

I feel sick
Jeg har kvalme
yī har kvahlmer

I feel dizzy
Jeg er svimmel
yī air svimmel

It hurts here
Det gør ondt her
day gur ont hair

It's a sharp pain
Det er en skærende smerte
day air in skairerner smairder

It's a dull pain
Det er en dump smerte
day air in dawmp smairder

It hurts all the time
Smerten er konstant
smairden air konstant

It only hurts now and then
Smerten er der kun af og til
smairden air dair kawn ah or til

It hurts when you touch it
Der er smerter ved berøring
dair air smairdor vith berrurring

It hurts more at night
Smerten er stærkere om natten
smairden air stairgorer om nadden

It stings
Det svier
day sveeor

It aches
Det gør ondt
day gur ont

I have a temperature
Jeg har feber
yi har faybor

I need a prescription for...
Jeg behøver en recept til...
yi behurvor in ressept til

I normally take...
Jeg tager normalt
yi tar normahlt

I'm allergic to...
Jeg er allergisk overfor..
yi air ahlairgisk aw-worfor

Have you got anything for...?
Har De noget til...?
har dee nawth til

Do I need a prescription for...?
Behøver jeg recept for..?
behurvor yi ressept for

Can I have a refund for medical expenses?
Kan jeg få min lægeregning refunderet
ka yi faw min lay-er-rïining reffoondairet

I have lost a filling
Jeg har tabt en plombe
yi har tabt in plawnber

THINGS YOU'LL SEE

afdeling	department, ward
ambulant	out-patient
ambulatorium	out-patients' clinic
apotek	chemist
betændelse	inflammation
blodtryk	blood pressure
briller	glasses; optician
dagligt	daily
fysioterapeut	physiotherapist
førstehjælp	first aid
gange	times
hud- og kønssygdomme	dermatology and VD clinic
kommune-	municipal
læge	doctor, doctor's surgery
lægevagt	emergency medical
optiker	optician
pastiller	(throat) lozenges
pulver	powder
recept	prescription
røntgen-	X-ray
salve	ointment
tabletter	tablets, pills
tandlæge	dentist
venteværelse	waiting room
øjenlæge	eye specialist
øre-, næse-, og halslæge	ear, nose and throat specialist

REPLIES YOU MAY BE GIVEN

Tag… tabletter ad gangen
Take… pills/tablets at a time

Med (et glas) vand
With water

Tyg dem
Chew them

En gang/to gange/tre gange dagligt
Once/twice/three times a day

Ikke før De går i seng
Only when you go to bed

Hvad tager De normalt?
What do you normally take?

Jeg synes, De skal gå til læge
I think you should see a doctor

Det har vi desværre ikke
I'm sorry, we don't have that

Til det her behøver De recept
For that you need a prescription

CONVERSION TABLES

DISTANCES

Distances are marked in kilometres. To convert kilometres to miles divide the km by 8 and multiply by 5 (one km being five-eighths of a mile). Convert miles to km by dividing the miles by 5 and multiplying by 8. A mile is 1.609 km.

km	miles *or* km	miles
1.61	1	0.62
3.22	2	1.24
4.83	3	1.86
6.44	4	2.48
8.05	5	3.11
9.66	6	3.73
11.27	7	4.35
12.88	8	4,97
14.49	9	5.59
16.10	10	6.21
32.20	20	12.43
48.28	30	18.64
64.37	40	24.85
80.47	50	31.07
160.93	100	62.14
321.90	200	124.30
804.70	500	310.71
1609.34	1000	621.37

Other units of length:

1 centimetre = 0.39 in	1 inch = 25.4 millimetres
1 metre = 39.37 in	1 foot = 0.30 metre (30 cm)
10 metres = 32.81 ft	1 yard = 0.91 metre

WEIGHTS

The unit you will come into most contact with is the kilogram (kilo), equivalent to 2lb 3 oz (2.2 lbs). To convert kg to lbs, multiply by 2 and add one tenth of the result (thus, 6 kg = 12 + 1.2, or 13.2 lbs). One ounce is about 28 grams, and 1 lb is 454 g. One UK hundredweight is almost 51 kg; one USA cwt is 45 kg. One UK ton is 1016 kg (USA ton = 907 kg).

grams	ounces	ounces	grams
50	1.76	1	28.3
100	3.53	2	56.7
250	8.81	4	113.4
500	17.63	8	226.8

kg	lbs *or* kg	lbs
0.45	1	2.20
0.91	2	4.41
1.36	3	6.61
1.81	4	8.82
2.27	5	11.02
2.72	6	13.23
3.17	7	15.43
3.63	8	17.64
4.08	9	19.84
4.53	10	22.04
9.07	20	44.09
11.34	25	55.11
22.68	50	110.23
45.36	100	220.46

LIQUIDS

Motorists from the UK will be used to seeing petrol priced per litre (and may even know that one litre is about 1¾ pints). One 'imperial' gallon is roughly 4½ litres, but USA drivers must remember that the American gallon is only 3.8 litres (1 litre = 1.06 US quart). In the folllowing table, imperial gallons are used:

litres	gals or l	gals
4.54	1	0.22
9.10	2	0.44
13.64	3	0.66
18.18	4	0.88
22.73	5	1.10
27.27	6	1.32
31.82	7	1.54
36.37	8	1.76
40.91	9	1.98
45.46	10	2.20
90.92	20	4.40
136.38	30	6.60
181.84	40	8.80
227.30	50	11.00

TYRE PRESSURES

lb/sq in	15	18	20	22	24
kg/sq cm	1.1	1.3	1.4	1.5	1.7

lb/sq in	26	28	30	33	35
kg/sq cm	1.8	2.0	2.1	2.3	2.5

Area

The average tourist isn't all that likely to need metric area conversions, but with more 'holiday home' plots being bought overseas nowadays it might be useful to know that 1 square metre = 10.8 square feet, and that the main unit of land area measurement is a hectare (which is 2½ acres). The hectare is 10,000 sq m – for convenience, visualise something roughly 100 metres or yards square. To convert hectares to acres, divide by 2 and multiply by 5 (and vice-versa).

hectares	acres *or* ha	acres
0.4	1	2.5
2.0	5	12.4
4.1	10	24.7
20.2	50	123.6
40.5	100	247.1

Temperature

To convert centigrade or Celsius degrees into Fahrenheit, the accurate method is to multiply the °C figure by 1.8 and add 32. Similarly, to convert °F into °C, subtract 32 from the °F figure and divide by 1.8. This will give you a truly accurate conversion, but takes a little time in mental arithmetic! See the table below. If all you want is some idea of how hot it is forecast to be in the sun, simply double the °C figure and add 30; the °F result will be overstated by a degree or two when the answer is in the 60-80° range, while 90°F should be 86°F.

°C	°F	°C	°F	
-10	14	25	77	
0	32	30	86	
5	41	36.9	98.4	*body temperature*
10	50	40	104	
20	68	100	212	*boiling point*

CLOTHING SIZES

Slight variations in sizes, let alone European equivalents of UK/USA sizes, will be found everywhere so be sure to check before you buy. The following tables are approximate:

Women's dresses and suits

UK	10	12	14	16	18	20
Europe	36	38	40	42	44	46
USA	8	10	12	14	16	18

Men's suits and coats

UK/USA	36	38	40	42	44	46
Europe	46	48	50	52	54	56

Women's shoes

UK	4	5	6	7	8
Europe	37	38	39	41	42
USA	5½	6½	7½	8½	9½

Men's shoes

UK/USA	7	8	9	10	11
Europe	41	42	43	44	45

Men's shirts

UK/USA	14	14½	15	15½	16	16½	17
Europe	36	37	38	39	41	42	43

Women's sweaters

UK/USA	32	34	36	38	40
Europe	36	38	40	42	44

Waist and chest measurements

Inches	28	30	32	34	36	38	40	42	44	46
Cms	71	76	80	87	91	97	102	107	112	117

MINI-DICTIONARY

about: about 16 cirka 16
accelerator speeder(en)
accident uheld(et)
accommodation logi(et)
ache *(noun)* smerter(ne)
adaptor *(electrical)* adapter(en)
address adresse(n)
adhesive klæbestrimmel(en)
after efter
after-shave 'after-shave'
again igen
against mod
air luft
air-conditioning 'air-conditioning'
aircraft fly(et)
air freshener frisk-luft spray(en)
air hostess stewardesse(n)
airline flyselskab(et)
airport lufthavn(en)
alarm clock vækkeur(et)
alcohol alkohol(en)
all al
   all the streets alle gaderne
   that's all, thanks det er det hele, tak
almost næsten
alone alene
already allerede
always altid
am: I am jeg er
ambulance ambulance(n)
America Amerika
American *(person)* amerikaner(en)
   (adj) amerikansk
and og
ankle ankel(en)
anorak anorak(ken)
another anden
anti-freeze frostvæske(n)

antiques shop
   antikvitets-forretning(en)
antiseptic antiseptisk middel
apartment lejlighed(en)
aperitif aperitif(fen)
appetite appetit(ten)
apple æble(t)
application form
   ansøgningsblanket(ten)
appointment aftale(n)
apricot abrikos(en)
are: you are De/du er
  we/they are vi/de er
arm arm(en)
art kunst(en)
art gallery kunstmuseum (-museet)
artist kunstner(en)
as: as soon as possible så hurtigt
   som muligt
ashtray askebæger(et)
asleep: he's asleep han sover
aspirin aspirin(en)
at: at the post office på posthuset
  at night om natten
  at 3 o'clock klokken 3
attractive tiltalende
aunt tante(n)
Australia Australien
Australian *(person)* australier(en)
   (adj) australsk
Austria Østrig
automatic automatisk
away: is it far away?
   er det langt herfra?
  go away! forsvind!
awful forfærdeligt
axe økse(n)
axle aksel(en)

baby spædbarn(et)

back (*not front*) bagside(n)
  (*of body*) ryg(gen)
  come back kom tilbage

bacon bacon(en)
  bacon and eggs æg og bacon

bad dårlig

bait madding(en)

bake bage

baker bager(en)

balcony balkon(en)

ball (*sports etc*) bold(en)

ball-point pen kuglepen(nen)

banana banan(en)

band (*music*) orkester(et)
  (*pop*) gruppe(n)

bandage bandage(n)

bank bank(en)

banknote pengeseddel(en)

bar bar(en)
  a bar of chocolate en plade
  chockolade

barbecue barbecue(n)

barber's barber(en)

bargain: it's a bargain
  det er billigt

basement kælder(en)

basin (*sink*) kumme(n)

basket kurv(en)

bath bad(et)
  to have a bath tage et bad

bathing hat badehætte(n)

bathroom badeværelse(t)

battery batteri(et)

beach strand(en)

beans bønner

beard skæg(get)

because fordi

bed seng(en)

bed linen sengelinned(et)

bedroom soveværelse(t)

beef oksekød(et)

beer (*beverage*) øl(let)
  (*bottle/glass of*) øl(len)

before før

beginner begynder(en)

behind bag

beige beige

Belgian (*adj*) belgisk

Belgium Belgien

bell klokke(n)

below

belt bælte(t)

beside ved siden af

best bedst

better bedre

between mellem

bicycle cykel(en)

big stor

bikini bikini(en)

bill regning(en)

bin liner affaldspose(n)

bird fugl(en)

birthday fødselsdag(en)
  happy birthday! til lykke!

birthday present fødselsdagsgave(n)

biscuit småkage(n)
  (*for cheese*) kiks(en)

bite (*verb*) bide
  (*noun*) bid(det)
  (*by insect*) stik(ket)

bitter bitter

black sort

blackberries brombær(rene)

blanket tæppe(t)

bleach (*verb: hair*) blege
  (*noun*) blegemiddel(et)

blind (*cannot see*) blind
  (*window*) rullegardin(et)

blister vable(n)

blonde blond
  (*noun*) blondine(n)

blood blod(et)

blouse bluse(n)

blue blå

boat båd(en)

body krop(pen)

boil koge

bolt *(verb)* sætte slå for
  (noun: on door) slå(en)
bone ben(et)
bonnet *(car)* kølerhjelm(en)
book *(noun)* bog(en)
  (verb) reservere
booking office billetkontor(et)
bookshop boghandel(en)
boot *(car)* bagagerum(met)
  (footwear) støvle(n)
border græns(en)
boring kedelig
born: I was born in... jeg er
  født i...
both begge
  both of them dem begge
  both of us os begge
  both... and... både... og...
bottle flaske(n)
bottle-opener oplukker(en)
bottom *(of sea, box)* bund(en)
bowl skål(en)
box *(small)* æske(n)
  (large) kasse(n)
boy dreng(en)
boyfriend ven(nen)
bra brystholder(en)
bracelet armbånd(et)
braces seler(ne)
brake *(noun)* bremse(n)
  (verb) bremse
brandy cognac(en)
bread brød(et)
breakdown *(car)* motorstop (pet)
  (nervous) nervesammenbrud (det)
breakfast morgenmad(en)
breathe ånde
  I can't breathe jeg kan ikke ånde
bridge bro(en)
briefcase mappe(n)
British britisk
brochure brochure(n)
broken brækket
  broken leg brækket ben

brooch broche(n)
brother bror(en)
brown brun
bruise blå plet
brush *(noun)* børste(n)
  (paint) pensel(en)
  (verb) børste
bucket spand(en)
building bygning(en)
bumper kofanger(en)
burglar indbrudstyv(en)
burn *(verb)* brænde
  (noun) forbrænding(en)
bus bus(sen)
bus station rutebilstation(en)
business forretninger
  it's none of your business
  det kommer ikke Dem ved
busy *(bar, street)* livlig
  (with traffic) befærdet
  (telephone) optaget
  I'm busy jeg har travlt
but men
butcher slagter(en)
butter smør(ret)
button knap(pen)
buy købe
by: by the window ved vinduet
  by Friday senest fredag
  by myself alene
  by Kierkegaard af Kierkegaard

cabbage kål(en)
café café(en)
cagoule nylonanorak(ken)
cake kage(n)
calculator regnemaskine(n)
call: what is it called? hvad hedder det?
camera kamera(et)
campsite campingplads(en)
camshaft knastaksel(en)
can *(tin)* dåse(n)
  can I have...? må jeg bede om... ?

she can't... hun kan ikke...
Canada Canada
Canadian *(person)* canadier(en)
 (adj) canadisk
canal kanal(en)
cancer kræft(en)
candle stearinlys(et)
canoe kajak(ken)
cap *(bottle)* kapsel(en)
 (hat) hue(n)
car bil(en)
caravan campingvogn(en)
carburettor karburator(en)
card kort(et)
cardigan cardigan(en)
careful forsigtig
 be careful! vær forsigtig!
carpet tæppe(t)
carriage *(train)* vogn(en)
carrots gulerødder(ne)
carry-cot babylift(en)
case kuffert(en)
cash kontanter
 to pay cash betale kontant
cassette kassette(n)
cassette player kassetteoptager(en)
castle slot(tet)
cat kat(ten)
cathedral domkirke(n)
cauliflower blomkål(en)
cave hule(n)
cemetery kirkegård(en)
centre centrum (centret)
 (shops, offices etc) center(et)
certificate attest(en)
chair stol(en)
chambermaid stuepige(n)
chamber music kammermusik(ken)
change *(noun: money)* småpenge
 (verb: money) veksle
 (verb: clothes, trains) skifte
Channel Kanalen
cheap billigt
cheers! skål!

cheese ost(en)
chemist *(shop)* apotek(et)
cheque check(en)
cheque book checkhæft(et)
cheque card ID-kort(et)
cherries kirsebær(rene)
chess skak
chest bryst(et)
chewing gum tyggegummi(et)
chicken kylling(en)
child barn(et)
children børn(ene)
china porcelæn(et)
China Kina
Chinese *(person)* kineser(en)
 (adj) kinesisk
chips pommes frites
chocolate chokolade(n)
 a box of chocolates
 en æske chokolade
chop *(food)* kotelet(ten)
 (to cut) hakke
Christian name fornavn(et)
church kirke(n)
cigar cigar(en)
cigarette cigaret(ten)
cinema biograf(en)
city by(en)
city centre bycentrum (bycentret)
class klasse(n)
classical music klassisk musik
clean rent
clear klart
 is that clear? er det klart?
clever intelligent
clock ur(et)
close *(near)* nær
 (stuffy) lummert
 (verb) lukke
 the shop is closed
 forretningen er lukket
clothes tøj(et)
club *(society)* klub(ben)
 (cards) klør(en)

clutch kobling(en)

coach rutebil(en)
  (of train) vogn(en)

coach station rutebilstation(en)

coat *(overcoat)* frakke(n)
  (jacket) jakke(n)

coathanger bøjle(n)

cockroach kakerlak(ken)

coffee kaffe(n)

coin mønt(en)

cold *(illness)* forkølelse(n)
  (adj) koldt
  I'm cold jeg fryser

collar krave(n)

collection *(stamps etc)*
  samling(en)
  (mail) tømning(en)

colour farve(n)

colour film farvefilm(en)

comb *(noun)* kam(men)
  (verb) rede

come komme
  I come from...
  jeg kommer fra...
  we came last week
  vi ankom i sidste uge
  come here! kom her!

communication cord nødbremse(n)

compact disc 'compact disc'

compartment kupé(n)

complicated kompliceret

concert koncert(en)

conditioner *(hair)* hårbalsam(en)

conductor *(bus)* konduktør(en)
  (orchestra) dirigent(en)

congratulations! til lykke!

constipation forstoppelse(n)

consulate konsulat(et)

contact lenses kontaktlinser(ne)

contraceptive kondom(et)

cook *(noun)* kok(ken)
  (do the cooking) lave mad

cooking utensils
  køkkenredskaber(ne)

cool køligt

Copenhagen København

cork prop(pen)

corkscrew proptrækker(en)

corner hjørne(t)

corridor gang(en)

cosmetics kosmetik(ken)

cost *(verb)* koste
  what does it cost? hvad koster
  det?

cotton bomuld(en)

cotton wool vat(tet)

cough *(verb)* hoste
  (noun) hoste(n)

country *(state, not town)* land(et)

cousin *(male)* fætter(en)
  (female) kusine(n)

crab krabbe(n)
  (as food) krabber(ne)

cramp krampe(n)

crayfish krebs(en)

cream fløde(n)

credit card 'credit card'

crew mandskab(et)

crisps franske kartofler

crowded overfyldt

crutches krykker(ne)

cry *(weep)* græde
  (shout) råbe

cucumber agurk(en)

cufflinks manchetknapper(ne)

cup kop(pen)

cupboard skab(et)

curlers 'curlers'

curls krøller

curry karry(en)

curtain gardin(et)

Customs told(en)

cut *(noun: wound)* snitsår(et)
  (verb) skære

dad far(en)

dairy *(shop)* mejeri(et)

damp fugtig
dance danse
dangerous farlig
Dane dansker(en)
Danish *(adj, language)* dansk
  he/she is Danish han/hun er
  dansker
Danish pastry wienerbrød(et)
dark mørk
daughter datter(en)
day dag(en)
dead død
deaf døv
dear *(person)* kær
  (expensive) dyr
deckchair liggestol(en)
deep dyb
deliberately med overlæg
Denmark Danmark
dentist tandlæge(n)
dentures forlorne tænder
deny benægte
  I deny it jeg benægter det
deodorant deodorant(en)
department store stormagasin(et)
departure afgang(en)
develop *(film)* fremkalde
diamond *(jewel)* diamant(en)
  (cards) ruder(en)
diarrhoea diarré(en)
diary dagbog(en)
dictionary ordbog(en)
die dø
diesel diesel
different forskellig
  ah well, that's different
  ja så, det er noget andet
  I'd like a different one
  jeg vil gerne have en anden
difficult vanskelig
dining room *(hotel)* restaurant(en)
  (home) spisestue(n)
directory *(telephone)* telefonbog(en)
dirty snavset
108

disabled handicappet
distributor *(in car)* strømfordeler(en)
dive dykke
diving board vippe(n)
divorced skilt
do gøre
doctor læge(n)
document dokument(et)
dog hund(en)
doll dukke(n)
dollar dollar(en)
door dør(en)
double room dobbeltværelse(t)
doughnut berliner(en)
  (Danish kind) æbleskive(n)
down ned
drawing pin tegnestift(en)
dress *(frock)* kjole(n)
drink *(verb)* drikke
  (noun) drik(ken)
  (alcoholic) drink(en)
  would you like a drink?
  vil De have en drink?
drinking water drikkevand
drive *(verb)* køre
driver chauffør(en)
driving licence kørekort(et)
drunk fuld
dry tør
dry cleaner renseri(et)
dummy *(for baby)* sut(ten)
during i løbet af
  during the day/night om dagen/nat
  ten
dustbin skraldespand(en)
duster støvklud(en)
Dutch *(adj, language)* hollandsk
Dutchman, Dutchwoman
  hollænder(en)
duty-free toldfri

each *(every)* hver
  5 kr each 5 kr stykket

early tidligt
earrings øreringe(ne)
ears ører(ne)
east øst
easy let
eat spise
egg æg(get)
either: either of them den ene
  eller den anden
  either... or... enten... eller...
elastic elastik(ken)
elastic band elastik(ken)
elbows albuer(ne)
electric elektrisk
electricity elektricitet(en)
else: something else noget andet
  someone else en anden
  somewhere else et andet sted
embarrassing pinligt
embassy ambassade(n)
embroidery broderi(et)
emerald smaragd(en)
emergency nødsituation(en)
empty tom
end (noun: finish) slutning(en)
  (verb) afslutte
engaged (couple) forlovet
  (occupied) optaget
engine (motor) motor(en)
England England
English (adj, language) engelsk
Englishman, Englishwoman
  englænder(en)
  I'm English jeg er engelsk
enlargement forstørrelse(en)
enough nok
entertainment underholdning(en)
entrance indgang(en)
envelope konvolut(ten)
escalator rullende trappe(n)
especially især
evening aften(en)
every hver
everyone alle

everything alt
everywhere overalt
example eksempel(et)
  for example for eksempel
excellent fint
excess baggage overvægt(en)
exchange (verb: money) veksle
  (in shop) bytte
exchange rate kurs(en)
excursion udflugt(en)
excuse me! undskyld!
exit udgang(en)
expensive dyrt
extension (more time) forlængelse(n)
  (telephone) lokal (nummer(et))
eye drops øjendråber(ne)
eyes øjne(ne)

face ansigt(et)
faint (unclear) uklart
  (verb) besvime
  I feel faint jeg er dårlig
fair (funfair) tivoli(et)
  (skin, hair) lys
  it's not fair det er ikke fair
false teeth forlorne tænder
family familie(n)
fan (ventilator) ventilator(en)
  (enthusiast) fan
fan belt ventilorrem(men)
far langt
  how far is...? hvor langt er
  der til... ?
  far from here langt herfra
fare billetpris(en)
farm gård(en)
farmer gårdmand(en)
farmhouse gård(en)
Faroes Færøerne
fashion mode(n)
fast hurtigt
fat (person) fed
  (on meat etc) fedt

father far(en)
feel (*touch*) røre
  I feel hot jeg har det for varmt
  I feel like… jeg har lyst til…
  I don't feel well jeg har det
  ikke godt
feet fødder(ne)
felt-tip pen fiberpen(nen)
ferry færge(n)
fever feber(en)
fiancé(e) forlovede
field mark(en)
filling (*tooth*) plombe(n)
  (*for sandwich*) pålæg(get)
film film(en)
filter filter(et)
finger finger(en)
Finland Finland
Finn finne(n)
Finnish (*adj*) finsk
fire ild(en)
  (*blaze*) brand(en)
fire extinguisher ildslukker(en)
fireworks fyrværkeri(et)
first først
first aid førstehjælp(en)
first floor første sal
fish fisk
fishing fiskeri(et)
  to go fishing tage på fisketur
fishing rod fiskestang(en)
fishmonger fiskehandler(en)
fizzy med brus
flag flag(et)
flash (*camera*) blitz(en)
flat (*level*) fladt
  (*apartment*) lejlighed(en)
flavour smag(en)
flea loppe(n)
flight flyafgang(en)
flip-flops badesandaler(ne)
flippers svømmefødder(ne)
flour mel(en)
flowers blomster(ne)

flu influenza(en)
flute fløjte(n)
fly (*verb*) flyve
  (*insect*) flue(n)
fog tåge(n)
folk music folkemusik(ken)
food mad(en)
food poisoning madforgiftning(en)
foot fod(en)
football fodbold(en)
for for, til
  that's for me det er til mig
  I did it for you jeg gjorde det
  for dig
  what for? hvorfor?
  for a week en uge
foreigner udlænding(en)
forest skov(en)
fork gaffel(en)
fortnight fjorten dage
fountain pen fyldepen(nen)
fourth fjerde
fracture brud(det)
France Frankrig
free fri
  (*no cost*) gratis
freezer fryser(en)
French (*adj, language*) fransk
fridge køleskab(et)
friend ven(nen)
friendly venlig
front (*noun*) forside(n)
  in front of… foran…
  at the front foran
frost frost(en)
fruit frugt(en)
fruit juice juice(n)
fry stege
frying pan pande(n)
full fyldt
  I'm full jeg er mæt
full board helpension(en)
Funen Fyn
funnel (*for pouring*) tragt(en)

funny sjovt
  (odd) underligt
furniture møbler(ne)

garage (parking) garage(n)
  (repairs) værksted(et)
  (petrol) servicestation(en)
garden have(n)
garlic hvidløg(et)
gas-permeable lenses
  mellemhårde linser
gay (homosexual) bøsse(n)
gear (car) gear(et)
  (equipment) grej(et)
gear lever gearstang(en)
gents (toilet) herretoilet(tet)
German (person) tysker(en)
  (adj, language) tysk
Germany Tyskland
get (fetch) hente
  (obtain) skaffe
  (obtain or receive oneself) få
  (train, bus etc) tage
  have you got...? har De...?
get back: we get back tomorrow
  vi kommer tilbage i morgen
  to get something back få noget
  tilbage
get in stige på
  (arrive) ankomme
get out komme ud
  get out! ud!
get up (in the morning) stå op
  (rise) rejse sig
gift gave(n)
gin gin
girl pige(n)
girlfriend pige(n)
give give
glad glad
  I'm glad det glæder mig
glass glas(set)
glasses briller(ne)

gloss prints blanke billeder
gloves handsker(ne)
glue lim(en)
goggles svømmebriller(ne)
gold guld(et)
goldsmith guldsmed(en)
good god
  good! godt!
goodbye farvel
government regering(en)
granddaughter barnebarn(et)
grandfather bedstefar(en)
grandmother bedstemor(en)
grandson barnebarn(et)
grapes vindruer(ne)
grass græs(set)
Great Britain Storbritannien
green grøn
Greenland Grønland
grey grå
grill grill(en)
grocer (shop) købmand(en)
ground floor stuen
ground sheet teltunderlag(et)
guarantee (noun) garanti(en)
  (verb) garantere
guard (train) konduktør(en)
guide book rejsefører(en)
guitar guitar(en)
gun (rifle) gevær(et)
  (pistol) pistol(en)

hair hår(et)
haircut klipning(en)
hairdresser frisør(en)
hair dryer hårtørrer(en)
hair spray hårlak(ken)
half halv
  half an hour en halv time
half board halvpension(en)
ham skinke(n)
hamburger hamburger(en)
hammer hammer(en)

111

hand håND(en)
hand brake håNDbrems(en)
handbag håNDtaske(n)
handkerchief lommetørklæde(t)
handle *(noun)* håNDtag(et)
handsome flot
hangover tømmermænd
happy glad
harbour havn(en)
hard hårdt
   (difficult) svært
hard lenses hårde linser
hat hat(ten)
have have
   I don't have... jeg har ikke...
   can I have...? må jeg bede om...?
   have you got...? har De...?
   I have to go now jeg må afsted nu
hayfever høfeber(en)
he han
head hoved(et)
headache hovedpine(n)
headlights forlygter(ne)
hear høre
hearing aid høreapparat(et)
heart hjerte(t)
   (cards) hjerter(en)
heart attack hjerteanfald(et)
heating varme(n)
heavy tung
heel hæl(en)
hello dav
help *(noun)* hjælp(en)
   (verb) hjælpe
   help! hjælp!
her: it's her det er hende
   it's for her det er til hende
   give it to her giv hende det
   her book hendes bog
   it's hers det er hendes
here her
hi! hej!
high høj
highway code færdselsreglerne
112

hill bakke(n)
him: it's him det er ham
   it's for him det er til ham
   give it to him giv ham det
hire leje
his: his book hans bog
   it's his det er hans
history historie(n)
hitch-hike tage på stop
hobby hobby(en)
Holland Holland
holiday ferie(n)
   (single day) feriedag(en)
honest ærlig
honey honning(en)
honeymoon bryllupsrejse(n)
horn *(car, animal)* horn(et)
horrible frygteligt
hospital hospital(et)
hot varmt
   (spicy) stærkt
hot water bottle varmedunk(en)
hour time(n)
house hus(et)
how? hvordan?
hungry: I'm hungry jeg er sulten
hurry: I'm in a hurry jeg har travlt
husband mand(en)

I jeg
ice is(en)
ice cream is(en)
ice cube isterning(en)
Iceland Island
Icelander islænding(en)
Icelandic *(adj, language)* islandsk
ice lolly ispind(en)
if hvis
ignition tænding(en)
ill syg
immediately øjeblikkeligt
impossible umuligt
in i

in English på engelsk
in the hotel på hotellet
India Indien
Indian *(person)* inder(en)
   (adj) indisk
indicator *(car)* blinklys(et)
indigestion dårlig fordøjelse
infection infektion(en)
information information(en)
injection indsprøjtning(en)
injury skade(n)
ink blæk(ket)
inn kro(en)
inner tube slange(n)
insect insekt(et)
insect repellent insektbalsam(en)
insomnia søvnløshed(en)
insurance forsikring(en)
interesting interessant
interpret fortolke
invitation invitation(en)
Ireland Irland
Irish *(adj)* irsk
Irishman, Irishwoman irer(en)
iron *(metal)* jern(et)
   (for clothes) strygejern(et)
   (verb) stryge
ironmonger isenkræmmer(en)
is: he/she/it is han/hun/det er
island ø(en)
it den, det
Italy Italien
itch *(noun)* kløe
   it itches det kløer

jacket jakke(n)
jam marmelade(n)
jazz jazz(en)
jealous jaloux
   (envious) misundelig
jeans cowboybukser(ne)
jellyfish vandmand(en)
jeweller juveler(en)

job job(bet)
jog *(verb)* jogge
   to go for a jog jogge en tur
joke vittighed(en)
journey rejse(n)
jumper sweater(en)
just: it's just arrived det er lige
   kommet
   just one kun en/et
Jutland Jylland

key nøgle(n)
kidney nyre(n)
kilo kilo(et)
kilometre kilometer(en)
kitchen køkken(et)
knee knæ(et)
knife kniv(en)
knit strikke
know: I don't know det ved jeg ikke

label mærke(t)
   (on bottle) etiket(ten)
lace kniplinger(ne)
   (of shoe) snørebånd(et)
ladies *(toilet)* dametoilet(tet)
lake sø(en)
lamb lam(met)
   (meat) lammekød(et)
lamp lampe(n)
lampshade lampeskærm(en)
land *(noun)* land(et)
   (verb) lande
language sprog(et)
large stor
last sidst
   last week sidste uge
   at last! endelig!
late: it's getting late klokken
   er mange
   the bus is late bussen er forsinket
laugh le

launderette møntvaskeri(et)
laundry *(place)* vaskeri(et)
  (dirty clothes) vasketøj(et)
laxative afføringsmiddel(et)
lazy doven
leaf blad(et)
leaflet brochure(n)
learn lære
leather læder(et)
left *(not right)* venstre
  there's nothing left
  der er ikke mere tilbage
left luggage *(locker)*
  garderobe-boks(en)
leg ben(et)
lemon citron(en)
lemonade citronvand(en)
length længde
lens linse(n)
less mindre
lessons *(teaching)* undervisning(en)
letter *(in mail)* brev(et)
letterbox postkasse(n)
lettuce salathoved(et)
library bibliotek(et)
licence bevilling(en)
  (driving) kørekort(et)
life liv(et)
lift *(in building)* elevator(en)
  could you give me a lift?
  kunne De give mig et lift?
light *(not heavy)* let
  (not dark) lys
light meter lysmåler(en)
lighter lighter(en)
lighter fuel benzin(en)
like: I like you jeg kan lide dig
  I like swimming
  jeg kan lide at svømme
  it's like... det er ligesom...
lime *(in drinks)* 'lime'
lip salve læbepomade(n)
lipstick læbestift(en)
liqueur likør(en)

list liste(n)
litre liter(en)
litter affald(et)
little *(small)* lille
  it's a little big
  den er lidt for stor
  just a little bare
  lidt liver lever(en)
lobster hummer(en)
lollipop slikkepind(en)
long *(distance, time)* lang
  how long does it take?
  hvor lang tid tager det?
lorry lastvogn(en)
lost property hittegods(et)
lot: a lot meget
  a lot of... en masse...
loud højt
  (colour) skrigende
lounge *(hotel)* opholdsstue(n)
  (home) dagligstue(n)
love *(noun)* kærlighed(en)
  (verb) elske
lover elsker(en)
low lav
luck held(et)
  good luck! held og lykke!
luggage bagage(n)
luggage rack bagagehylde(n)
lunch frokost(en)

magazine blad(et)
mail *(noun)* post(en)
make lave
make-up kosmetik(ken), make-up(en)
man mand(en)
manager direktør(en)
map kort(et)
  (street map) bykort(et)
margarine margarine(n)
market marked(et)
marmalade orangemarmelade(n)
married gift

mascara mascara(en)
mass *(church)* messe(n)
mast mast(en)
match *(light)* tændstik(ken)
  (sport) kamp(en)
material *(cloth)* stof(fet)
mattress madras(sen)
maybe måske
me: it's me det er mig
  it's for me det er til mig
  give it to me give mig det
meal måltid(et)
meat kød(et)
mechanic mekaniker(en)
medicine medicin(en)
meeting møde(t)
melon melon(en)
menu menu(en)
message besked(en)
midday midt på dagen
middle: in the middle midten
  in the middle of... midt på...
midnight midnat
milk mælk(en)
mine: it's mine det er min/mit
  they're mine det er mine
mineral water danskvand(en)
minute minut(tet)
mirror spejl(et)
Miss frøken
mistake fejl(en)
  to make a mistake lave en fejl
monastery kloster(et)
money penge(ne)
month måned(en)
monument monument(et)
moon måne(n)
moped knallert(en)
more mere
morning morgen(en)
  in the morning om morgenen
mosaic mosaik(ken)
mosquito myg(gen)
mother mor(en)

motorbike motorcykel(en)
motorboat motorbåd(en)
motorway motorvej(en)
mountain bjerg(et)
mouse mus(en)
moustache overskæg(get)
mouth mund(en)
move *(verb)* bevæge sig
  (an object, house) flytte
  don't move! rør Dem ikke!
movie film(en)
Mr. hr. *[hair]*
Mrs. fru
Ms fru
much: not much ikke ret meget
  much better/slower
  meget bedre/langsommere
mug krus(et)
  a mug of coffee en stor kop kaffe
mum mor(en)
museum museum (museet)
mushrooms champignons
music musik(ken)
musical instrument musik-
  instrument(et)
musician musiker(en)
mussels muslinger(ne)
mustard sennep(en)
my: my book min bog
  my house mit hus
  my shoes mine sko
mythology mytologi(en)

nail *(metal)* søm(met)
  (finger) negl(en)
nail file neglefil(en)
nail polish neglelak(ken)
name navn(et)
nappy ble(en)
narrow snæver
near: near the door tæt ved døren
  near London tæt ved London
  is it near? er det i nærheden?

necessary nødvendigt
necklace halskæde(n)
need *(verb)* behøve
  I need... jeg behøver...
  there's no need det er ikke
  nødvendigt
needle nål(en)
negative *(photo)* negativ(et)
neither: neither of them hverken den
  ene eller den anden
  neither... nor... hverken... eller...
nephew nevø(en)
never aldrig
new ny
news nyheder
newsagent bladkiosk(en)
newspaper avis(en)
New Zealand New Zealand
New Zealander new zealænder(en)
next næste
  next week/month næste uge/måned
  what next? hvad nu?
nice dejlig
niece niece(n)
night nat(ten)
nightclub natklub(ben)
nightdress natkjole(n)
night porter natportier(en)
no *(response)* nej
  I have no money jeg har ingen penge
noisy støjende
north nord
Northern Ireland Nordirland
North Sea Vesterhavet
Norway Norge
Norwegian *(adj, language)* norsk
nose næse(n)
not ikke
notebook notesblok(ken)
nothing intet
novel roman(en)
now nu
nowhere ingen steder
nudist nudist(en)
116

number nummer(et)
number plate nummerplade(n)
nurse *(female)* sygeplejerske(n)
  (male) sygeplejer(en)
nut *(for bolt)* møtrik(ken)
nuts *(to eat)* nødder(ne)

occasionally af og til
of: the name of the street
  gadens navn
  the cost of a ticket billetpris(en)
  two of those, please to af de der, tak
office kontor(et)
often ofte
oil olie(n)
ointment salve(n)
OK 'OK'
old gammel
olives oliven
omelette omelet(ten)
on på
one en
onion løg(et)
only kun
open *(verb)* åbne
  (adj) åben
opposite: opposite the hotel
  over for hotellet
optician optiker(en)
or eller
orange *(colour)* orangefarvet
  (fruit) appelsin(en)
orange juice orangejuice(n)
orchestra orkester(et)
ordinary *(normal)* normal
organ *(music)* orgel(et)
  (body) organ(et)
our vores
  it's ours det er vores
out: he's out han er her ikke
outside udenfor
over over
  over there derovre

overtake overhale
oyster østers

pack of cards spil kort
package pakke(n)
packet pakke(n)
   a packet of... en pakke...
padlock hængelås(en)
page side(n)
pain smerte(n)
paint *(noun)* maling(en)
pair par(ret)
Pakistan Pakistan
Pakistani *(person)* pakistaner(en)
   (adj) pakistansk
pale bleg
pancake pandekage(n)
paper papir(et)
paracetamol panodil-tabletter(ne)
parcel pakke(n)
pardon? hvadbehager?
parents forældre(ne)
park *(noun)* park(en)
   (verb) parkere
party *(celebration)* fest(en)
   (group) gruppe(n)
   (political) parti(et)
passenger passager(en)
passport pas(set)
pasta pasta(en)
path sti(en)
pavement fortov(et)
pay *(verb)* betale
peach fersken(en)
peanuts jordnødder(ne)
pear pære(n)
pearl perle(n)
peas ærter(ne)
pedestrian fodgænger(en)
peg *(clothes)* tøjklemme(n)
pen pen(nen)
pencil blyant(en)
pencil sharpener blyantspidser(en)

penfriend penneven(nen)
peninsula halvø(en)
penknife lommekniv(en)
people folk(et)
   a lot of people mange folk, mange
   mennesker
pepper *(& salt)* peber(et)
   (red/green) peberfrugt(en)
peppermints pebermyntebolsjer(ne)
per: per night pr. nat *[pair]*
perfect perfekt
perfume parfume(n)
perhaps måske
perm permanent(en)
petrol benzin(en)
petrol station servicestation(en)
petticoat underskørt(et)
photograph *(noun)* fotografi(et)
   (verb) fotografere
photographer fotograf(en)
phrase book parlør(en)
piano klaver(et)
pickpocket lommetyv(en)
picnic skovtur(en)
piece stykke(t)
pillow hovedpude(n)
pilot pilot(en)
pin nål(en)
pineapple ananas(sen)
pink lyserød
pipe *(for smoking)* pibe(n)
   (for water) rør(et)
piston stempel(et)
pizza pizza(en)
place sted(et)
plant plante(n)
plaster *(for cut)* plaster(et)
plastic plastic(et)
plastic bag plasticpose(n)
plate tallerken(en)
platform perron(en)
play *(theatre)* skuespil(let)
please: yes, please ja tak
   two more please! to mere tak! ·

please tell me... vær så venlig
  at sige mig...
plug (*electrical*) stik(ket)
  (*sink*) prop(pen)
pocket lomme(n)
poison gift(en)
police politi(et)
policeman betjent(en)
police station politistation(en)
politics politik(ken)
poor fattig
  (*bad quality*) dårlig
pop music popmusik(ken)
pork svinekød(et)
port (*harbour*) havn(en)
porter (*for luggage*) drager(en)
  (*hotel*) portier(en)
possible muligt
post (*noun*) post(en)
  (*verb*) poste
post box postkasse(n)
postcard postkort(et)
poster plakat(en)
postman postbud(et)
post office posthus(et)
potatoes kartofler(ne)
poultry fjerkræ(et)
pound (*money, weight*) pund(et)
powder (*cosmetics*) pudder(et)
  (*medicine*) pulver(et)
pram barnevogn(en)
prawns rejer(ne)
prescription recept(en)
pretty (*beautiful*) sød
  (*quite*) ret
priest præst(en)
private privat
problem problem(et)
  what's the problem?
  hvad er der i vejen?
public offentlig
pull trække
puncture punktering(en)
purple lilla

118

purse pung(en)
push trykke
pushchair klapvogn(en)
pyjamas pyjamas(en)

quality kvalitet(en)
quay kaj(en)
question spørgsmål(et)
queue (*noun*) kø(en)
  (*verb*) stå i kø
quick hurtig
quiet stille
quite (*fairly*) ret
  (*fully*) ganske

radiator radiator(en)
radio radio(en)
railway line jernbanelinie(n)
  (*track*) spor(et)
rain regn(en)
  it's raining det regner
raincoat regnfrakke(n)
raisins rosiner(ne)
rare (*uncommon*) sjælden
  (*steak*) rødstegt
raspberries hindbær(rene)
rat rotte(n)
razor blades barberblade(ne)
read læse
reading lamp læselampe(n)
ready parat
rear lights baglygter(ne)
receipt kvittering(en)
receptionist (*woman*) receptionsdame(n)
  (*man*) portier(en)
record (*music*) plade(n)
  (*sporting etc*) rekord(en)
record player pladespiller(en)
record shop pladeforretning(en)
red rød
refreshments forfriskninger(ne)
registered letter anbefalet brev

relative *(noun)* slægtning(en)
relax slappe af
religion religion(en)
remember huske
I don't remember jeg har glemt det
rent *(verb)* leje
  (noun) leje(n)
reservation reservering(en)
reserve reservere
rest *(remainder)* rest(en)
  (relax) hvile sig
restaurant restaurant(en)
restaurant car spisevogn(en)
return *(come back)* komme igen
  (give back) returnere
return ticket returbillet(ten)
rice ris(en)
rich rig
right *(correct)* korrekt
  (direction) højre
ring *(to call)* ringe
  (wedding etc) ring(en)
ripe moden
river å(en)
  (big) flod(en)
road vej(en)
rock *(stone)* klippe(n)
  (music) rock
roll *(bread)* rundstykke(t)
roof tag(et)
room værelse(t)
  (space) plads(en)
rope reb(et)
rose rose(n)
round *(circular)* rund
  it's my round det er min omgang
rowing boat robåd(en)
rubber *(eraser)* viskelæder(et)
  (material) gummi(et)
rubbish affald(et)
ruby *(stone)* rubin(en)
rucksack rygsæk(ken)
rug *(mat)* kamintæppe(t)
  (blanket) uldent tæppe

ruins ruiner(ne)
ruler *(for drawing)* lineal(en)
rum rom(men)
run *(person)* løbe
  (noun: in car etc) tur(en)

sad trist
safe i sikkerhed
safety pin sikkerhedsnål(en)
sailing boat lystbåd(en)
salad salat(en)
salami salami(en)
sale *(at reduced prices)* udsalg(et)
salmon laks(en)
salt salt(et)
same: the same hat den samme
  hat
  the same house det samme hus
  same again please det samme
  igen, tak
sand sand(et)
sandals sandaler(ne)
sand dunes klitter(ne)
sandwich stykke smørrebrød
sanitary towels hygiejnebind(ene)
sauce sauce(n)
saucepan kasserolle(n)
sauna sauna(en)
sausage pølse(n)
say sige
  what did you say? hvad sagde De?
  how do you say...? hvad hedder...?
Scandinavia Skandinavien
Scandinavian *(person)* skandinav(en)
  (adj) skandinavisk
scarf halstørklæde(t)
school skole(n)
scissors saks(en)
Scot skotte(n)
Scottish skotsk
Scotland Skotland
screw skrue(n)
screwdriver skruetrækker(en)

119

sea hav(et)
seafood fisk og skaldyr
seat plads(en)
seat belt sikkerhedsbælte(t)
second (of time) sekund(et)
  (in series) anden
see se
  I can't see jeg kan ikke se
  I see! ja så!
sell sælge
sellotape® klisterpapir(et)
separate separat
separated separeret
serious alvorligt
serviette serviet(ten)
several flere
sew sy
shampoo shampoo(en)
shave (noun) barbering(en)
  (verb) barbere
shaving foam barberskum(met)
shawl sjal(et)
she hun
sheet lagen(et)
shell skal(len)
sherry sherry(en)
ship skib(et)
shirt skjorte(n)
shoe laces snørebånd(ene)
shoe polish skosværte(n)
shoes sko(ene)
shop forretning(en)
shopping indkøb
  to go shopping gå på indkøb
short kort
shorts shorts
shoulder skulder(en)
shower (bath) brusebad(et)
  (rain) skylle(n)
shrimps rejer(ne)
shutter (camera) lukker(en)
  (window) skodde(n)
sick (ill) syg
  I feel sick jeg har kvalme

side side(n)
  (edge) kant(en)
sidelights parkeringslys(ene)
sights: the sights of Copenhagen
  Københavns seværdigheder
silk silke(n)
silver (colour) sølvfarvet
  (metal) sølv(et)
simple enkel
sing synge
single (one) enkelt
  (unmarried) ugift
single room enkeltværelse(t)
sister søster(en)
skid (verb) skride
skin cleanser skintonic(en)
skirt nederdel(en)
sky himmel(en)
sleep (noun) søvn(en)
  (verb) sove
  to go to sleep falde i søvn
sleeping bag sovepose(n)
sleeping pill sovepille(n)
slippers hjemmesko(ene)
slow langsomt
small lille
smell (noun) lugt(en)
  (verb) lugte
smile (noun) smil(et)
  (verb) smile
smoke (noun) røg(en)
  (verb) ryge
snack lille måltid
snorkel snorkel(en)
snow sne(en)
so: so good så godt
  not so much ikke så meget
soaking solution (for contact lenses)
  desinfektionsvæske(n)
socks sokker(ne)
soda water soda(en)
soft lenses bløde linser
somebody en eller anden
  (in questions) nogen

somehow på en eller anden måde
something noget
sometimes sommetider
somewhere et eller andet sted
  let's go somewhere else
  lad os tage et andet sted hen
son søn(nen)
song sang(en)
sorry! undskyld!
sorry? hvadbehager?
soup suppe(n)
south syd
South Africa Sydafrika
South African *(person)* sydafrikaner(en)
  (adj) sydafrikansk
souvenir souvenir(en)
spade *(shovel)* spade(n)
  (cards) spar(en)
Spain spanien
spanner skruenøgle(n)
spares reservedele(ne)
spark(ing) plug tændrør(et)
speak tale
  do you speak…? taler De… ?
  I don't speak… jeg taler ikke…
speed fart(en)
speed limit fartbegrænsning(en)
speedometer speedometer(et)
spider edderkop(pen)
spinach spinat(en)
spoon ske(en)
sprain forstuvning(en)
spring *(mechanical)* fjeder(en)
  (season) forår(et)
stadium stadion(et)
staircase trappe(n)
stairs trapper(ne)
stamp frimærke(t)
stapler hæftemaskine(n)
star *(also film)* stjerne(n)
start *(verb)* starte
station station(en)
statue statue(n)
steak steak(en)

steal: it's been stolen
  det er blevet stjålet
steering wheel rat(tet)
stewardess stewardesse(n)
sting *(noun)* stik(ket)
  (verb) stikke
  it stings det svier
stockings strømper(ne)
stomach mave(n)
stomach ache mavepine(n)
stop *(verb)* stoppe
  (bus stop) stoppested(et)
  stop! stop!
storm uvejr(et)
strawberries jordbær(rene)
stream bæk(ken)
street gade(n)
string *(cord)* snor(en)
  (guitar etc) streng(en)
student student(en)
stupid dum
suburbs forstæder(ne)
sugar sukker(et)
suit *(verb)* passe
  it suits you det klæder Dem
  a suit et sæt tøj
suitcase kuffert(en)
sun sol(en)
sunbathe tage solbad
sunburn solforbrænding(en)
sunglasses solbriller(ne)
sunny: it's sunny solen skinner
suntan: she has a suntan
  hun er solbrændt
suntan lotion solcreme(n)
supermarket supermarked(et)
supplement tillæg(get)
sure sikker
  are you sure? Er De sikker på det?
surname efternavn(et)
sweat *(noun)* sved(en)
  (verb) svede
sweatshirt sweatshirt(en)
Swede svensker(en)

Sweden Sverige
Swedish *(adj, language)* svensk
sweet *(not sour)* sød
  (candy) bolsje(t)
swimming costume badedragt(en)
swimming pool *(in hotel)* swimming
  pool(en)
  (public) svømmehal(len)
swimming trunks badebukser(ne)
  Swiss *(person)* schweizer(en)
  (adj) schweizisk
switch kontakt(en)
Switzerland Schweiz
synagogue synagoge(n)

table bord(et)
tablet tablet(ten)
take tage
take off *(noun)* afgang(en)
  (verb) lette
take-away: to take away
  til at tage med
talcum powder talkum(met)
talk *(conversation)* samtale(n)
  (verb) snakke
tall høj
tampon tampon(en)
tangerine mandarin(en)
tap vandhane(n)
tapestry gobelin(en)
tea te(en)
tea towel viskestykke(t)
telegram telegram(met)
telephone *(noun)* telefon(en)
  (verb) telefonere
telephone box telefonboks(en)
telephone call opringning(en)
television fjernsyn(et)
temperature *(weather)* temperatur(en)
  (fever) feber(en)
tent telt(et)
tent peg teltpløk(ken)
tent pole teltstang(en)

than end
thank *(verb)* takke
  thanks, thank you tak
that: that bus deres bus
  that house det hus
  that man/woman den mand/kvinde
  what's that? hvad er det?
  I think that... jeg tror at...
their: their car deres bil
  it's theirs det er deres
them: it's them det er dem
  it's for them det er til dem
  give it to them give dem det
then *(at that time)* da
  (after that) så
there der
  there is/are... der er...
  is/are there...? er der...?
  shall we go there? *(long distance)*
  skal vi tage dertil?
  (somewhere local) skal vi tage derhen?
thermos flask termoflaske(n)
these: these things disse ting
  these are mine disse er mine
they de
thick tyk
thin tynd
think *(have opinion)* synes
  (believe) tro
  I think so det tror jeg
  I'll think about it jeg vil overveje det
third tredje
thirsty: I'm thirsty jeg er tørstig
this: this bus denne bus
  this house dette hus
  this man/woman denne mand/kvinde
  what's this? hvad er det her?
  this is Mr... det er hr....
those: those things de ting
  those are his de der er hans
throat hals(en)
throat pastilles halspastiller(ne)
through gennem
thunderstorm tordenvejr(et)

ticket billet(ten)
tie *(noun)* slips(et)
  (verb) binde
tights strømpebukser(ne)
time tid(en)
  what's the time? hvad er lokken?
  next time næste gang
timetable køreplan(en)
tin dåse(n)
tin opener dåseåbner(en)
tip *(money)* drikkepenge(ne)
  (end) spids(en)
tired træt
  I feel tired jeg er træt
tissues papirlommetørklæder(ne)
to: to England til England
  to the station til banegården
  to the doctor til læge
toast ristet brød
tobacco tobak(ken)
today i dag
together sammen
toilet toilet(tet)
toilet paper toiletpapir(et)
tomato tomat(en)
tomato juice tomatsaft(en)
tomorrow i morgen
tongue tung(en)
tonic tonic(en)
tonight i aften
too *(also)* også
  (excessive) for
tooth tand(en)
toothache tandpine(n)
toothbrush tandbørste(n)
toothpaste tandpasta(en)
torch lommelygte(n)
tour udflugt(en)
tourist turist(en)
tourist office turistbureau(et)
towel håndklæde(t)
tower tårn(et)
town by(en)

town hall rådhus(et)
toys legetøj(et)
toy shop legetøjsforretning(en)
track suit træningsdragt(en)
tractor traktor(en)
tradition tradition(en)
traffic trafik(ken)
traffic jam traffikknude(n)
traffic lights trafiklys(ne)
trailer *(for car)* påhængsvogn(en)
train tog(et)
translate oversætte
transmission *(car)* transmission(en)
travel agency rejsebureau(et)
traveller's cheque rejsecheck(en)
tray bakke(n)
tree træ(et)
trousers bukser(ne)
try prøve
tunnel tunnel(en)
tweezers pincet(ten)
typewriter skrivemaskine(n)
tyre dæk(ket)

umbrella paraply(en)
uncle onkel(en)
under under
underground undergrundsbane(n)
underpants underbukser(ne)
understand forstå
  I don't understand you jeg forstå Dem ikke
underwear undertøj(et)
university universitet(et)
unmarried ugift
until indtil
unusual usædvanligt
up oppe
  (upwards) op
  up there deroppe
  (to that place) derop
urgent: it's urgent det haster
us: it's us det er os

it's for us det er til os
give it to us giv os det
use (noun) brug(en)
(verb) bruge
it's no use det nytter ikke
useful nyttigt
usual normalt
usually normalt

vacancy (room) ledigt værelse
vacuum cleaner støvsuger(en)
vacuum flask termoflaske(n)
valley dal(en)
valve ventil(en)
vanilla vanille(n)
vase vase(n)
veal kalvekød(et)
vegetables grøntsager(ne)
vegetarian (person) vegetar(en)
(adj) vegetarisk
vehicle køretøj(et)
very meget
vest undertrøje(n)
view udsigt(en)
viewfinder søger(en)
Vikings vikinger(ne)
villa villa(en)
village landsby(en)
vinegar eddike(n)
violin violin(en)
visa visum(et)
visit (noun) besøg(et)
(verb) besøge
visitor gæst(en)
(tourist) turist(en)
vitamin tablet vitaminpille(n)
vodka vodka(en)
voice stemme(n)

wait vente
waiter tjener(en)
waiter! tjener!

waiting room venteværelse(t)
waitress servitrice(n)
waitress! frøken!
Wales Wales
walk (verb) gå
to go for a walk gå en tur
walkman® walkman(en)
wall (inside) væg(gen)
(outside) mur(en)
wallet tegnebog(en)
war krig(en)
wardrobe klædeskab(et)
warm varmt
was: I was jeg var
he/she/it was han/hun/det var
washing powder vaskepulver(et)
washing-up liquid opvaskemiddel(et)
wasp hveps(en)
watch (noun) armbåndsur(et)
(verb) se på
water vand(et)
wave (in sea, hair) bølge(n)
(verb) vinke
we vi
weather vejr(et)
wedding bryllup(pet)
week uge(n)
welcome velkommen
you're welcome (don't mention it)
selv tak
wellingtons gummistøvler(ne)
Welsh (adj) wallisisk
west vest
wet våd
what? hvad?
what is it? hvad er det?
what's wrong? hvad er der galt?
wheel hjul(et)
wheelchair kørestol(en)
when? hvornår?
where? hvor?
whether om

which? hvilken?

whisky whisky(en)

white hvid

who? hvem?

why? hvorfor?

wide bred

wife kone(n)

wind vind(en)

windmill vindmølle(n)

window vindue(t)

windscreen forrude(n)

wine vin(en)

wine list vinkort(et)

wing vinge(n)

with med

without uden

woman kvinde(n)

wood træ(et)

woods skov(en)

wool uld(en)

word ord(et)

work *(noun)* ardejde(t)
  (verb) ardejde
  (machine etc) virke

worse værre

worst værst

wrapping paper indpakningspapir(et)
  (for presents) gavepapir(et)

wrist håndled(det)

writing paper skrivepapir(et)

wrong forkert

year år(et)

yellow gul

yes ja

yesterday i går

yet endnu
  not yet ikke endnu

yoghurt yoghurt(en)

you *(familiar singular)* du
  (formal singular) De
  (plural) I
  for you til dig/Dem/jer

your: your book *(familiar)* din bog
  (formal) Deres bog
  your shoes *(familiar)* dine sko
  (formal) Deres sko

yours: is this yours?
  (familiar) er det dit?
  (formal) er det Deres?

youth hostel vandrerhjem(met)

Zealand Sjælland

Zealander sjællænd(er)

zip lynlås(en)

zoo zoologisk have(n)